「家飲み」で身につける語れるワイン

渡辺順子

JN148463

nbb
日経ビジネス人文庫

はじめに
～1杯のワインから広がる世界

800年の歴史を持つワインはたくさんの逸話を残し、多くの著名人や歴史的人物に愛されてきました。

本書ではギリシャ神話の神からハリウッドスターまで幅広い〝人々〟が登場します。

ワインからヒントを得た「近代印刷術の祖」グーテンベルク、とんでもない高額のディナーを楽しむクレオパトラ、大酒飲みの司教やワインを爆買いする米元大統領など、本書を書き進めていると、さまざまな時代の人々や光景が、まるで近くにいるかのように鮮明に目に浮かびました。

遠い存在の人々ですが、ワインという共通点があるととても身近な存在に感じます。

ワインはいわば、「ぶどうを潰しただけ」の飲み物ですが、世界史のなかで人類の生命を助け、心の糧《かて》となり文明、思想、文化の形成に大きな影響を与えました。古代と現在、神々と人間、世界を結ぶ架け橋のような存在でもあると思います。

読者の皆様もワイン片手に本書を読みながらそれぞれの時代にタイムスリップしたり、その国を訪れたような気分にひたったり、その壮大なスケールをお楽しみください。

「ワインを飲む楽しみの半分は、ワインについて語ることにある」

アイルランドの作家　モーリス・ヒーリーの言葉です。

ワインについて語る時、本書が少しでもお役に立てれば光栄です。

渡辺順子

2024年9月

もくじ

Chapter 3

フランス

~知るほど深い伝統国

Chapter 4 スペイン・ドイツ ～オリジナリティを愉しむ

Chapter 5 新世界の挑戦

～アメリカ・オーストラリア・ニュージーランド・チリ・アルゼンチン・日本

Chapter

1

ワインの発祥

～ジョージア・エジプト・ギリシャ

ジョージアのワイン

Georgia

ワインがどの国で生まれたかについては
諸説ありますが、最も有力視されているのは、
東ヨーロッパに位置するジョージアです。
日本のビストロでも一時期よく見かけた
「オレンジワイン」こそが最古のワインと言われます。

日本でも目にする「オレンジワイン」の正体

一時期よく耳にした「オレンジワイン」は、まるでオレンジから造ったような色味と独特な風味のワインです。

もちろんオレンジから造ったものではありません。「白ぶどう」から造られた世界最古のワインなのです。

その誕生は古く、新石器時代まで遡ります。


ワインの誕生の時期や場所については諸説あります。

世界最古の文明と言われるメソポタミアやエジプト、イスラエルやギリシャなどが「我が国こそワインの起源」と名乗りを上げてきたなか、現在、発祥の地として最も有力視されているのは「オレンジワイン」が生まれたジョージアです。

長年ワインの歴史を調査している米国科学アカデミーは、ジョージアで8000年前のワインの壺が見つかったと発表しました。300リットルのワインが貯蔵できる素焼きの壺など、歴史を揺るがす品々が発掘されたのです。

ジョージア国立博物館とトロント大学の共同プロジェクトで発掘が進められていた2015年、ジョージアの首都トビリシから南へ約30~40キロ、小高い丘の一角に円形の家が立ち並ぶ村の跡地が発見されました。同時に土の中に埋め込まれていた大きな壺の破片が掘り起こされ、これが世紀の大発見となりました。

壺の内側には、ワインだけが併せ持つ4つの酸、酒石酸、リンゴ酸、コハク酸、クエン酸の付着、さらにぶどうの装飾が施された壺の外側にはぶどうの花粉が確認され、ワインが造られていたと確信されました。

発見から2年後の2017年、放射性炭素年代測定により、壺が使用された時期は紀元前6000年から5800年だと分析されました。それまで最古と思われていたイランのザグロス山脈で発見されたワインの土器より1000年も前です。文字が発明される3000年も前、鉄器時代より5000年も前に、ワインが造られていたと判明したのです。

しかも、壺が埋まっていた村の土壌にはぶどうの種や茎はなく、栽培していた痕跡も見当たらず、考古学者は、ぶどうの栽培と醸造が別々の場所で行われていたと考えています。ぶどう栽培は日射がよく栽培に適した地で行われ、収穫後は涼しい場所に運ばれ、そこで醸造を行われていたと思われます。

その後も、8つの大きな壺が掘り起こされ、すでに大規模なワイン生産が行われていたようです。

この時代、飲料は動物の皮で作った皮袋に入れていましたが、動物の皮では腐敗が起こりやすくワインの風味が損なわれてしまうため、蜜蠟《みつろう》でコーティングした土器に保管していました。この世紀の大発見は欧米で大きく取り上げられ、高度な生活様式を持っていたことに多くの関心が集まりました。

さらに後の調査で、壺に入れたワインを約2年間も熟成させていたことがわかりました。出来立てのワインはタンニンが強く渋みがありますが、数年寝かすことでまろやかな味わいになります。ちょうど2年ほど寝かすことで飲み頃を迎え、豊潤な香りが際立つのです。

通常のボトルとマグナムボトル、同じワインでも味が違う理由

さて8000年も昔、ワインはどのように造られていたのでしょう。ワイン造りの要《かなめ》は、「クヴェヴリ」と呼ばれる地中に埋めた卵形の大きな壺でした。この壺にぶどうを房ごと入れて、後はワインになるのを待つだけです。皮や種と一緒に漬け込むと、ぶどうに付着した菌により自然に発酵が促されます。発酵を終えた状態でも皮と種を取り出さずそのまま貯蔵することで、エキスたっぷりのフルボディーワインが出来上がります。当時使用していたぶどうが黒ぶどうなのか白ぶどうなのか判定はできていませんが、地中で寝かせる

ことで温度が安定し、美味しいワインが出来上がります。
またクヴェヴリの中で300リットルもの大量のワインを保存することで、ゆっくり熟成が進み、まろやかな味わいを醸し出すという効果もありました。より大きな容器で熟成する方が格別に美味しく仕上がります。

これは、私たちが普段飲んでいるワインでも同様で、同じ銘柄のワインでも通常のボトル（750㎖）と大きなボトル、たとえばマグナム（1500㎖）やアンペリアル（6000㎖）を飲み比べると熟成感の違いがよくわかるものです。

ジョージアでは今も同じ手法で醸造されています。現在は白ぶどうを使用し、果皮と種子を一緒に長時間かけて発酵させます。通常、

ジョージアワインの発酵、貯蔵、熟成に使われる大きな壺クヴェヴリ。（写真：Alamy/アフロ）

白ワインの場合、圧搾後は果皮と種を分けて果汁のみを発酵させますが、果皮も種も一緒に漬け込み、酸素を取り込みながら色素を果汁に抽出することで、特徴的なオレンジ色のワインが出来上がります。

これが「オレンジワイン」です。この手法は2013年、ユネスコ無形文化遺産に登録されました。

オーガニックブームでジョージア・ワインが復活

8000年も前にワイン造りが行われていたジョージアですが、残念ながらその後ワイン大国として発展することはできませんでした。

醸造方法や栽培技術はエジプトやギリシャへも伝わり、両国は独自のワイン文化を開花させましたが、ジョージアは地理的にヨーロッパ、アジア、中東の交差点に位置していたため、大国からの侵略が繰り返され、そのたびにぶどう畑は荒らされてしまいました。

かつてこの地は隆盛を誇りアッシリア帝国への貢物にジョージア産ワインが要求されたほどでした。しかし月日はすぎ、旧ソビエト連邦の支配下となり、ワイナリーは国営化され、使用するぶどうも自由に選ぶことが許されない時代となりました。

ようやく1991年、ジョージアは旧ソ連から独立を果たし、民営でワイン造りを再開することができたのですが、長い間旧ソビエト連邦の支配下にあったため、他国に比べワイン造りのノウハウは進歩せず、何千年も前の手法そのままクヴェヴリを用いた伝統的な製法で醸造を行いました。しかしその手法が後に無形文化遺産に登録されることとなり、振り返れば伝統が守られたことになりました。

そして2015年、最古のワイン文明がジョージアで発見され、大きな注目を浴びます。昨今オーガニック、自然農法が叫ばれるなか、オレンジワインは〝究極の自然派ワイン〟です。果皮と一緒に漬け込むためぶどう栽培は自然農

024

シャラウリ・ワイン・
セラーズ ルカツィテリ
（オレンジワイン）

2013年にギガ・マカラウズ氏がジョージア東部の最大のワイン産地カヘティ地方で設立。ジョージア固有のぶどう品種を自然農法で栽培。伝統的な醸造方法を守り、クヴェヴリ内で自然熟成させて造られる。ナチュラルな製法により、ぶどう由来・酵母由来の沈殿物などが旨味の要素となってワインに含まれ、その味わいは評論家のお墨付き。ジョージアを代表するワイナリーへと成長。参考価格3,450円（税別）。

法にこだわります。ぶどうの出来がそのままワインの味に影響するため、「自然」が美味しいワイン造りに欠かせない一番のポイントだと考えます。果皮だけではなく種も一緒に漬け込むことで果実味、酸味、渋みのバランスがよく、エキスがたっぷりつまった健康によいオレンジワインが出来上がります。

もちろんクヴェヴリは今もオレンジワインの醸造には欠かせません。クヴェヴリがワインの味に大きく影響するため、職人は粘土の質、焼き方などにこだわり一つ一つ丁寧に作ります。1000リットル入りの大きなクヴェヴリを作るのに6週間を要します。

こうしてぶどうの栽培、クヴェヴリ、醸造とそれぞれの人々の手を介して〝手づくりの自然派ワイン〟が出来上がります。

2016年にはわずか402社しかなかったジョージアのワイナリーですが、19年には1000社を超えるワイナリーが設立されています。現在53カ国へ輸出し、2023年は年間約1億2000万本を輸出しました。ジョージアではワイン産業が復活してきました。

紀元前3000年頃からテイスティングは行われていた？

ジョージアで生まれたワインはその後、隣国アルメニアへ伝わりました。アルメニアのアレニ村の洞窟で6100年前のワイナリー跡地が発見され、ぶどうを潰すための皮靴や大きな樽が見つかりました。これは、現在最古のワイナリーと言われます。

隠れるように洞窟内に造られたこのワイナリーでは、何か儀式に使うためのワイン造りが行われていたと思われます。しかし、残念ながらアルメニアは、ワインの産地としては発展しませんでした。

世界最古の文明メソポタミアでもワイン造りの記録が残っています。文献『ギルガメシュ叙事詩』に大洪水に備えて船を造らせた際、船大工たちにとっておきのワインを振る舞ったと記されています。

また『創世記』の一説には方舟《はこぶね》から下りたノアがすぐにぶどう栽培を開始したと記録されています。方舟はトルコに辿り着いたというのが一般的な説ですが、トルコではなくイスラエル、パレスチナあたりであると主張する学者もいて、イスラエルにはぶどう栽培に必要な進んだ文化と経済的な余裕があったとの持論を唱えています。

トルコかイスラエルか真偽の程は定かではありませんが、紀元前3500年から3000年前の古いぶどう畑がジェリコで見つかり、パレスチナが有力という説も浮上してきました。「ジェリコのぶどう畑の跡地はノアが植えたぶどう畑に違いない」と現在も調査が進められています。

専門家の間では、イスラエルは最もワイン文化が発達していた産地と認識されています。また、ワインは「キリストの血」としてキリスト教とともに世界に広がりましたが、イスラエルでは、そのはるか前の紀元前3000年頃にワインを囲んで人々が集まっていた形跡が認められました。しかもその場で異なるぶどう品種が見つかったことから、様々なワインを飲み比べる、いわゆるワインテイスティングが行われていたと推測されています。

人類の文明の発達にワインが少なからず貢献したことの証しと言えるでしょう。

赤・白・ロゼだけじゃない？ これだけあるワインの種類

一口に「ワイン」と言っても様々な種類が存在します。一般的には、赤、白、ロゼなどを思い浮かべる方も多いかと思いますが、実はこれ以外にも様々な色のワインが存在します。

先述したオレンジワインに加えて、黄、灰、緑などなど。

では、それぞれのワインの特徴や造り方を見てみましょう。

●赤ワイン

赤ワインは、ぶどうの果皮や種も一緒に発酵させることで果皮から赤い色素が抽出されて出来上がります。

黒ぶどうの収穫は北半球は9月から10月、南半球は2月から4月にかけて行われます。

収穫されたぶどうは渋み防止のため一般的に茎を取り除き（除梗《じょこう》）、果実を潰して皮や種を一緒に漬け込みます。2週間も漬け込むと酵母菌の働きによりぶどうの糖分がアルコールへ変わり、果皮から色素や香りが、種からタンニンなどが抽出され、赤いワインに仕上がります。

発酵が進むにつれ二酸化炭素が出て泡がぶくぶくと発生し、果皮や種子が浮き上がります。その果皮や種を取って圧搾機にかけ、搾ります。その後、樽に入れて後は美味しく仕上がるのを待ちます。

高級赤ワインの中には、30年以上もの熟成を必要とするワインも存在しますが、長期熟成可能である要因は、果皮や種に含まれるタンニンが豊富なためです。

●白ワイン

白ワインは、その名のとおり白ぶどうを使用します。使われる品種は多様で、マスカットのような薄いグリーンのぶどう、黄色味の強いしっかりした味のぶどう、淡い色味の白ぶどうなど様々な種類があります。白ぶどうは開花から約100日たった頃が収穫時期です。甘みを増すためにあえて遅く収穫する場合もあります。収穫を終えた房は除梗され、ぶどうの実を潰し果皮と種を分け、果汁だけを発酵させます。白ワインの場合は果皮から抽出されるタンニンが少ないため、比較的フレッシュで渋みの少ないものが多いのが特徴です。

ブルゴーニュでは長期熟成型の白ワインも数多く存在します。

●ロゼワイン

醸造はいくつかの方法がありますが、赤ワイン用の黒ぶどうを使用しています。

「黒ぶどうを潰した後、果皮と種をすぐ取り除き、淡いピンク色の果汁だけを発酵させる方法」と、「潰した後しばらく果皮も種も一緒に漬け込み、しばらくしてから果汁だけを抜き取り発酵させる方法」があります。漬け込む時間によってピンク色の色合いが変わります。その他にも、黒ぶどうと白ぶどうを混ぜて発酵させる方法など様々な醸造法があります（P111

〜参照)。

なお、「赤ワインと白ワインを混ぜてロゼを造る」ことは禁止されています。

●黄ワイン

フランスのジュラ地方には、「ヴァン・ジョーヌ」(黄色いワイン)と呼ばれる、黄色味を帯びたワインが古くから伝わっています(P122〜参照)。ぶどうはジュラ地方特有の、しっかり完熟させたサヴァニャンという白ぶどうを使用し通常の白ワインと同じ醸造を行いますが、その後の熟成期間は長く、収穫の翌年から6年目の12月15日までオーク樽でしっかり長期熟成を行います。その間何も手をつけずに樽に入れたまま放置して、ゆっくりと独特の旨味を醸し出します。

もともとヴァン・ジョーヌは、醸造所に置き忘れられたワインが発酵したものです。放置されたワインを飲んでみるとこれがクリーミーで香ばしさがあり、独特の黄色味を帯びたワインが出来上がっていました。このワインは「ヴァン・ジョーヌ」と名付けられ、今ではジュラ地方の名品となりレアなワインとして高額で販売されています。

●灰色ワイン

「ヴァン・グリ」(灰色ワイン)とはあまりロマンチックなネーミングではありませんが、決してワインの色が灰色ということではありません。少しピンクがかった色合いのワインでカテゴリーはロゼワインに分類されます。造り方は「黒ぶどうを使用して白ワインの醸造方法で造る」というものです。黒ぶどうを潰した後、すぐに果汁だけ取り出し発酵させます。

ヴァン・グリはフランス北東部、ドイツとの国境に近いロレーヌ地方が有名です。ロレーヌはアルザスとシャンパーニュに囲まれた「芸術とグルメの街」として有名な産地で、黒ぶどうのピノ・ノワールやガメイなどを使用します。最近はカリフォルニアでもヴァン・グリの生産が盛んになっています。

灰色ワインは黒ぶどうの深みと甘みが混ざり合ったフルボディーのアタックですが、冷やして飲むこともでき、口当たりが軽やかでフレッシュな飲み心地です。

●緑ワイン

緑のワインと呼ばれる「ヴィーニョ・ヴェルデ」はポルトガル北部、スペインとの国境近くで生産されるワインの名称です。

緑というよりは、「若いワイン」という意味で使われるヴィーニョ・ヴェルデはポルトガルのワイン産地ミーニョ地方で造られています。この産地は「緑の地」と呼ばれるほど自然が豊かな地域です。通常よりも1カ月も2カ月も早く、完熟前の緑のぶどうを収穫して製造されるため「緑のワイン」と呼ばれるようになりました。アルコール度数が低く飲みやすい爽やかなワインです。

●琥珀ワイン（アンバーワイン）

琥珀ワインとは先述したオレンジワインのこと。地元ジョージアでは「アンバーワイン」と呼ばれています。

白ぶどうを使って赤ワインと同じ醸造を行います。赤ワインの場合は果皮と種を一緒に2週間ほど漬け込み果汁だけを取り除いて熟成させますが、アンバーワインは発酵後も続けて果皮と種を一緒に漬け込んでおきます。

●黒ワイン

主にアルゼンチンやカオールで栽培される「マルベック」はタンニンが豊富で、その色調の濃さから「黒ワイン」と呼ばれます。凝縮感のあるタンニンと濃厚な果実味やスパイスのきいたパワフルな味わいです。他にも「黒い乙女」の名を持つフェテアスカ・ネアグラというルーマニアのワインも黒ワインと呼ばれています。

エジプトのワイン

Egypt

古代エジプトの遺跡には、
当時の人々がいかにワインと親しんでいたか、
しのばせるものが、複数存在します。
かの有名なクレオパトラも、
愛好家のひとりです。

036

古代エジプトでは
ワイン醸造は花形職業だった

ワインはその後、文明が発達していたエジプトへ伝わり、大きな産業として人々にとって欠かすことのできない存在に変化していきました。壁画にワインの圧搾機や貯蔵用の壺が描かれていることからも、エジプトの醸造技術は高く、ワインが人々の生活に浸透していたことがわかります。

ぶどうはアーチ型の棚仕立てで栽培し、収穫したぶどうは足で潰し、搾られた果汁を石の桶に入れます。そこで発酵させたワインを壺へ入れ熟成させました。それまでの大きな瓶にぶどうの房を入れていただけの手法から、現在とあまり変わらない製造過程へと飛躍的に進化しました。

ただし、発酵は化学的な反応で起こるのではなく、ぶどうが発酵するのもワインに酔わせる効果があるのも、全て「神のおぼしめし」だと考えられていました。ファラオの墓にはたくさんのワインの壺が置かれ、来世への「長い旅」のお供にワインが用意されていました。

ツタンカーメンの墓からは26個のワインの壺が発見され、驚くべきことにそれぞれの壺にヴィンテージや醸造者の名前まで記されていたようです。海外から輸入された白ワインも含まれていました。

当時のエジプトは「オシリス神の血」として赤ワインのみを造っていました。またぶどうの収穫期にナイル川が赤みを帯びることからも、赤ワインが好まれたと言われ「長いエジプトの繁栄を支えた一つはワインである」と主張する学者もいます。先ほど述べたように、神の力によりぶどうがワインに変わり人々を酔わせる魔術が備えられたと信じられていました。

現にアモンラーの神殿の周りには513ものぶどう園があったと言われます。

ファラオは神の恩恵にあずかるため王室御用達のワイナリーを持ち、ゾーザー王は地下室に大理石をくりぬいた自分専用のセラーを持っていました。間違いなく、世界初の「マイセラー」を持った人物です。温度と湿度が一定に保たれるため、現在でも理想的なワインの保管方法です。

古代エジプトでは、ぶどう園を管理することはとても重要な仕事でした。ワイン醸造は花形職業であり、園芸師、貿易商とともに当時の人気職業ランキングの上位を占めていたようです。

ワイン醸造に加え、エジプトの経済を支えたのがワイン貿易です。機能性と利便性に優れた「アンフォラ」がワイン貿易に大きく貢献しました。

アンフォラとは、松と蜜蝋《みつろう》でコーティングされた取っ手付きの首の長い先細りの壺を言います。ワインやオリーブオイルの運搬や保存に使用されました。ファラオやツタンカーメンの墓に埋葬されていたのが、ワインが入ったアンフォラでした。

アンフォラの特徴はその形状にあります。

取っ手は持ち運びを容易にし、細長い首は酸素にさらされるワインの表面積を減らしました。空気に触れる面積を小さくすることでワインの質を保つことができます。先細の底は沈殿物や澱《おり》を集めやすく、さらに現在のボトルのように底がへこんでいました。先細の形状は長い海の旅の最中に中身が揺れるのを防ぐ効果もあります。また土に埋めやすく、船旅では砂で固めて固定しました。

アンフォラはワインの運搬、貿易にたいへん重宝されましたが、重く壊れやすいという難点がありました。その後アンフォラに代わり、樽が作られ、ワインの流通はより活発になりました。

世界初のワインクラブをつくったクレオパトラ

エジプトはワインの交易で多くの財宝を手にし、エジプト文明はますます発展

エジプトの「ナクトの墓」の壁画（部分）。ぶどうの収穫や圧搾の様子が描かれている。中央上に描かれているのが、ワインの保存・運搬用の壺「アンフォラ」。（写真：akg-images/アフロ）

していきました。

ワイン好きのクレオパトラが登場し、エジプトでのワイン文化はより開花します。紀元前41年世界初のワインクラブをつくったのもクレオパトラでした。ギリシャ神話に登場するワインの神〝ディオニュソス〟を崇拝していたクレオパトラは毎晩パーティーに明け暮れ刹那的にただ大量のワインを消費しました。プリニウスの『博物誌』には、「クレオパトラが恋人のローマの将軍マルクス・アントニウスと1000万セステルティウス（古代ローマの硬貨）の食事を楽しんだ」との記述が残っています。

正確に換算することはできませんが、専門家は現在の通貨で10億〜20億円だと推定しています。このとんでもないディナーはクレオパトラが企画したものでした。一回の食事でそんな大金を使うのは不可能と思われますが、クレオパトラはやってのけました。

食事も終わりに近づき、クレオパトラは召使いに強いワインビネガーを持ってくるよう命じます。彼女は耳から巨大な天然真珠のイヤリングを外し、その貴重な真珠をワインビネガーに落としました。小国が一つ買えるほどの莫大な価値のある真珠は酢の中で溶けはじめ、クレオパトラはそれを飲み干した、というのが、1000万セステルティウスのディナーメニューです。

莫大な出費を物ともせず、クレオパトラは毎晩優雅にワインと食事を楽しみました。

彼女が最も好んだワインは、イタリア北部の「ブラケット・ダックイ」という少し甘めに造られた赤ワインです。カエサルやアントニウスはクレオパトラ

ブライダ
ブラケット・ダックイ

古代ローマ時代にはクレオパトラが好み「驚くべき媚薬の力を持ち合わせる」と言われるブラケット種から造られる微発泡赤ワイン。薔薇の香りとフレッシュな果汁の味わい。アルコール度数が低くポリフェノール含有量も多いのでヘルシーなデザートワインとして女性に人気。参考価格3,200円。

のためにイタリア北部からエジプトへ送りました。この地域では、現在は軽い発泡性のあるデザートワインや辛口の赤ワインを生産しています。ギリシャ産のモスカートのワインもお気に入りでした。

ギリシャのワイン

Greece

今、世界で大人気のロゼワインは、
古代ギリシャから発祥したそうです。
農業で進んだ技術を持っていたギリシャでは、
質の高いワインを造るための工夫が凝らされ、
ワインを教養としてとらえる文化も生まれました。

ワイン生産・輸出で栄えたギリシャ

エジプトからクレタ島へ伝わったワインはより神聖なものとして尊《たっと》ばれました。ギリシャ神話では最高神ゼウスが雄牛に姿を変える場面が登場しますが、雄牛は神聖なシンボルとして崇《あが》められ、同様にワインも「神的なもの」として伝わったのです。容器も土器ではなく、雄牛のツノで作られた角杯で飲まれるようになりました。

ミノア文明の時代、貿易の中心地だったクレタ島のパライカストロ周辺地域で世界初と思われるぶどうの圧搾機械が発見されました。エジプトから伝わった醸造技術を進歩させた島民は大量生産に乗り出し、ギリシャ本土、地中海の国々へ積極的に輸出を行いました。

後に発見された線文字B（クレタで使われていた文字）で「オリーブ、穀類、そしてぶどうが人々の生活に重要な作物となりコミュニティに一役買う」という記述が残されています。

後のミケーネ時代では、ワインは文化、宗教、経済、医学など、様々な分野で重要な役割を果たす産物となりました。

ワイン生産やワイン貿易で経済的に潤ってきたギリシャは、地中海沿岸に植民地を置き、入植者たちにぶどうの樹を持ち込ませるなど、全面的にワイン産業に乗り出しました。南イタリアを「オイノートリア（ぶどうの樹の国）」と呼ぶなど、着々とワインビジネスを拡大し栄えていきます。当時の硬貨に描かれたぶどうやワイングラスのモチーフを見れば、いかにワインが重要な産物であったのか、その繁栄の様子がうかがえます。

その後、エーゲ海周辺の地域からギリシャ独特の印章がついた大量のアンフォラの断片が見つかりました。ギリシャの影響力を物語る発見でした。

南フランスの海岸で発見された難破船からは、30万リットルのギリシャワインが入った1万個のアンフォラが発見されました。ギリシャは毎年1000万リットル近くのワインをガリアへ運んでいたと推定されます。

ワインの量もさることながら、当時すでに大量のワインを運搬できる高い造船技術を持っていたことにも注目が集まりました。

醸造家の失敗から生まれた「ロゼ」はギリシャの

農業においても進んだ技術を持っていたギリシャでは、土壌とぶどうの相性の研究が進みました。現在の良質ワイン醸造の基本、「テロワール」（ぶどう生育地の地理や気候による特徴）の理念がすでに確立されていました。

また、ワインの品質を高めるため、やみくもにぶどうの生産量を増やすのではなく収穫量の最小化に努めました。意図的に生産を制限するのは、当時では非常に珍しく画期的なことでした。実はこの政策が現在世界的に大人気のロゼワイン誕生につながります。

通常、赤ワインの醸造は黒ぶどうの果皮と果汁をじっくり発酵、醸し出させることで果皮から赤みが抽出され真紅のワインが出来上がります。ところが、空前の赤ワインブームで注文が殺到した生産者は、出荷を急ぐあまり果皮からの抽出もままならないまま瓶詰めをしてしまいました。量より質を重視した政策のため収穫高が足りず、まだ成熟していないぶどうまで早摘みした結果、アンフォラから注がれたワインは、赤い色が十分醸し出されていないピンク色のワインだったのです。

後述しますが、近年は空前のロゼワインブームです。2021年のロゼワインの世界生産量は2180万ヘクトリットルとなりました。ギリシャはこの世界的な大ブームに大きく貢献したことになります。

ワインボトルが750㎖なのは
ギリシャ戯曲が由来？

さて地中海性気候に恵まれ、ぶどう栽培に理想的な立地条件を持つギリシャは、ワインが大きな産業となり、広く民衆の生活へも浸透しました。

ギリシャ神話においてはワインの神ディオニュソスが誕生し、ワインはより身近な存在となりました。

ディオニュソスは様々な地を訪れ、ぶどう栽培やワイン醸造技術を身に付けましたが、不幸な誕生のディオニュソスはワインで人々を狂乱させるなど素行のよろしくない冥界神となってしまいました。

太陽神アポロンの神々をたたえる知性と調和の価値観と異なりますが、それでもディオニュソスを崇拝する民衆が増えてきました。

紀元前325年、アクロポリスの麓に建てられたディオニュソス劇場では、ギリシャ悲劇・喜劇が上演され、ディオニュソスを崇拝する狂喜乱舞のお祭りが開催されました。今でも跡地が残る劇場は、1万4000人から1万7000人の観客が収容できるギリシャ最古の大きな劇場です。

ディオニュソスは後にオリンポス十二神の一柱の仲間入りを果たしますが、ディオニュソス祭りは過激さを増していきました。冥界の神だったディオニュソスへの信仰は、人間的な理性と秩序だけでは満たされない民衆の心理を表していたのかもしれません。

後にニーチェは破壊的、陶酔的、激情的なことを「ディオニュソス的」と表現していますが、ワインに溺れていく民衆のあり様に、医者は「ディオニュソス的に飲む」危険性と体への悪影響を伝えました。

詩人エウブロスが書いた戯曲（Semele or Dionysus）の一説では、ワインの神ディオニュソスは次のように語っています。

節度を保つにはグラス3杯までだ。
1杯目は健康に、2杯目は愛と喜びに、3杯目は良い眠りに、
賢い客はここで家に帰る。
4杯目で自分をなくし、5杯目は大騒ぎ、6杯目は泥酔状態、
7杯目は喧嘩で青アザ、8杯目は警察沙汰、9杯目は吐き気がして、
10杯目になれば家具だって投げ飛ばす。

現在もワインのボトルは750㎖入り。これは二人で3杯ずつ飲める適量に考えられたサイズです。

「教養としてのワイン」はギリシャで根付いた

芸術・哲学の国ギリシャで生まれた多くの知識人・賢人は、大量生産・大量消費だった風習から「教養」としてとらえるワイン文化を開花させていきます。哲学者はワインを芸術と表現し、知性と理性を持って嗜むよう説きました。ワインを飲みながら哲学、文化、思想などが語られ、より高度な文明が生まれていったのだと想像が膨らみます。

当時すでに「教養としてのワイン」が根付いたことで、その後ワインは高貴なものというイメージを持たれるようになります。後年、その流れはキリスト教により絶対的な存在となり、その後、ヨーロッパの王侯貴族に受け継がれ、「ワインはステータス」として考えられるようになりました。

さてワイン大国となったギリシャには、ローマ帝国というワイン販売の大きな販路が出現し、より巨万の富を築いていきます。

現在のギリシャはかつてのワイン大国としての影が少々薄れ、生産量は世界19位（2023年度）、海外輸出は国内生産の13％にすぎません。とはいえ近年、

ドメーヌ・シガラス
サントリーニ アシルティコ

サントリーニ島の固有品種「アシルティコ」100%の白ワイン。海外の評論家たちから高評価を獲得したワイナリー。ミネラル感とライムやグレープフルーツの酸味。キレのあるフレッシュな味わい。創業わずか30年ほどの新しいワイナリーだが高品質を維持する。世界トップ100ワイナリーにランクインする。参考価格6,700円（税別）。

ギリシャワインは専門家たちに再評価され、生産と輸出が急増しています。

古代からぶどうが育っていたギリシャでは、ぶどう栽培のエコシステムが成り立っています。現在ぶどう畑のあるところは古代、自然にぶどうが育った場所で、日射量、降水量、土壌環境の条件が全て揃っており、なおかつ害虫やぶどうの病気から守られている地域でした。したがって、ほとんどのぶどう畑は農薬を使用したり化学的な肥料を撒布する必要がありません。

その環境の特性を生かし、現在ビオディナミ農法や有機栽培が行われ、体にも地球環境にも優しいワイン醸造が行われているのです。

またギリシャワインは地中海式ダイエットに代表される野菜、魚介類、オリーブオイルを中心とした食事との相性がよく、薄味の日本食とのマリアージュも推奨されています。

Chapter

2

イタリア

～長い歴史と、土地の個性

イタリア南部のワイン

シチリア州、カンパニア州、サルディーニャ州

South of Italia

世界一のワイン生産国と言えばイタリア。
シチリア島やナポリ周辺など南部では、古くからワインが
造られています。いずれのワインも、土地の個性があり、
その地方のイタリア料理とマッチします。

シチリア島のワイン銘醸地、エトナ

シチリア島の南西海岸にあるモンテ・クロニオの洞窟で6000年前のものと思われる土器にワインの痕跡が確認され、シチリア島は「最古のワイン産地」の有力候補となりました。

様々な発掘調査が進められるなか、前述したように程なくしてジョージアで8000年前のワイン土器が見つかり「最古」はジョージアに譲ったものの、この洞窟からは数々の注目すべき遺跡、当時のシチリア島では作ることができない短刀、ノミ、針など金属類が見つかりました。この島には金属鉱石は一切存在しません。そこで、考古学者はこれらの道具はワインと引き換えに島に持ち込まれたと分析しました。

ギリシャやエジプトからワインが伝わったと思われていたシチリア島ですが、実は古くから独自にワイン醸造法を生み出し、どこよりも進んだ技術で大量のワインを造っていたのです。

シチリア島は、地中海のほぼ中央に位置する最大の島です。古くからギリシャ、フェニキア、アラブ等に支配された歴史があり、様々な文明が生まれながらもシチリア島の独自の文明・文化を壮大な自然とともに育んできました。豊かな土壌と環境に恵まれ、シチリアならではのワイン造りが継承され、ヨーロッパのワイン文化に大きく貢献しました。

現在イタリアは世界一のワイン生産を誇りますが、シチリアは国内生産の20％を占め、イタリアのワイン産業を支えています。

シチリア州には3つのワイン産地が存在します。なかでも新興ワイン産地として注目を集めているのがヨーロッパ最大の活火山エトナ山の麓に広がる産地です。

現在も噴煙を上げているエトナ山ですが、噴火によりこのあたりの土壌は溶岩が幾層にも重なり、豊富なミネラルや鉄分が蓄積されています。

豊かな土壌に加え、十分な日射量と適度な雨量、そして沿岸からの微風により腐敗やカビの発生が少なく、農薬や化学肥料を極力使用しない有機農法が主流になっています。

このエトナ産地の恵まれた環境に魅了され、多くの造り手が訪れました。2000年にはわずか15社だったワイナリーが、2018年には100社以上にも増えています。

「バルバレスコの帝王」と呼ばれるイタリアを代表する生産者「アンジェロ・

レヴィーニェ・ディ・エリ
エトナ　ロッソ

ワインコンサルタントを経て2006年エトナ山の北斜面に小さなワイナリーを設立。持続可能でオーガニック醸造・栽培を行う。ライトボディだが力強いアロマと完熟したフルーツの風味が印象的。毎年変わるラベルは愛娘エレナの絵を使用（写真は2021年のもの）、収益の一部をフィレンツェの小児病院へ寄付する。参考価格4,510円（税込）。

ガヤ」（P92～参照）もエトナの魅力に引きつけられた一人です。地元の造り手とともにエトナ山の南西に畑を購入し、「イッダ（IDDA）」の生産に着手しました。

2018年、アメリカのワイン雑誌『ワインスペクテーター』で140種類のエトナ産ワインのテイスティングが行われました。ネーロダヴォラ種から造られるワインは色味が濃く、スパイス、ミネラル、ナッツの香ばしさが特徴で、テロワールを表現した数々のワインは90～94点の高評価が与えられました。なかには95点という高い得点を獲得したワインも存在します。

ローマ市民は毎晩1人1本ワインを飲んでいた？

シチリアと並んで古くからワイン醸造が行われていたのが、カンパニア州のナポリ近郊です。

ナポリは紀元前8世紀〜前5世紀頃、古代ギリシャの植民都市となり、ギリシャからワイン造りが伝わりました。南イタリアの主力ぶどう品種アリアニコ種は「ギリシャから」という意味のエレニコ(Ellenico)が起源と言われています。

観光地として有名な古代都市ポンペイも、かつては大人気のワイン産地でした。ポンペイ産ワインを証明するスタンプの偽造品までが造られた

イタリアンワインの格付け

1963年に上位からDOCG、DOC、IGT、VdTと4つのランクが定められた。

DOCGを取得するには申請前に少なくとも5年間DOCのカテゴリーに属している必要がある。

DOCは生産地、栽培方法、ぶどう品種、最大収穫量、最低アルコール度数、熟成方法、熟成期間が、瓶詰めの前に一定の条件を全て満たしているか審査される。

IGTは、醸造される地域のぶどうを最低85%使用する必要がある。

VdTランクは下位に位置づけされる。ぶどう品種、生産地を表記する義務はない。

2010年からDOCGとDOCを合わせて保護現産地呼称DOPと区分され、IGP、Vinoの3段階に分かれた（従来のDOC、DOCGの表示は今も認められている）。

イタリアの品質分類

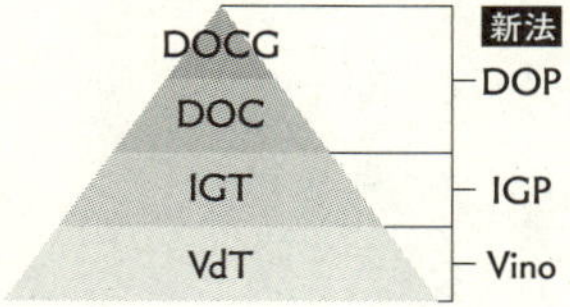

ほどの人気を誇っていました。

ポンペイの街は幻の古代銘醸ワイン「ファレルノ」が飲めるワインバーが軒を連ね、多くのワイン好きで賑わっていました。

「ファレルノ」は古代ローマの著名な詩人たち、なかでもラテン文学の最高傑作と名高い『アエネーイス』の著者、詩人ウェルギリウス（紀元前70年－前19年）はファレルノのワインの素晴らしさを褒めたたえ、「ファレルノに勝るワインなし」と賛辞を送りました。他にもホラティウヌ、プリニウスなど、多くの著名

ヴィッラ・マティルデ
フェレルノ・デル・
マッシコ・ビアンコ

古代の銘醸地ファレルノの名声を甦えらせた生産者ヴィッラ・マティルデが作るミネラルたっぷりの辛口白ワイン。麦わら色に輝くクリーンでフレッシュな果実やハーブの味わい。口あたりは滑らかで柑橘系の余韻が長く続く。参考価格4,261円。

人も「美酒」とたたえました。

ところが、西暦79年のヴェスビオ火山の噴火により、ポンペイもワイン産地も一夜にして消滅してしまいました。

ローマ帝国の全盛期には、年間1億8000万リットルのワインが消費されていたと言われます。この量は、ローマの全ての市民が毎晩1人1本飲んでいた計算です。

しかし、ローマ帝国の衰退とともにカンパニア地方のワイン産業も勢いが衰えてしまいます。キリスト教の布教に伴いワイン醸造が復活した産地もありましたが、カンパニア州は修道院や教会の建設が進まなかったため、ワイン造りは影を潜めてしまいました。

19世紀にはフランスのぶどう畑を壊滅させた害虫フィロキセラ（P167〜参照）がカンパニア地方も襲い、品質よりも量を重視したバルクワインの生産で細々と生き延びていました。長い低迷期を経て1993年以前から評判の高かったタウラージというワインが南イタリアで初めてDOCGに昇格し（DOCG

とは、当時のイタリアワインの格付けにおいて最上位の等級）再びカンパニア地方にワイン産業復活の兆しが見えてきました。

続いて2000年にはあの語り継がれた幻の古代銘醸ワイン「ファレルノ」が復活を遂げます。「ファレルノ・デル・マッシコ」として生産が開始しました。イタリアワインの格付けにおいて厳しい審査を通った産地にのみ与えられるDOCを獲得しました。

現在カンパニア州にはタウラージを筆頭に4つのDOCGが存在します。

サルディーニャ島の羊料理にも負けないパワフルな白ワイン

さて南イタリアのサルディーニャ島も、実力をつけている注目の産地です。サルディーニャ島は、地中海に浮かぶ島々の中でシチリアに次いで2番目に大きい島であり、シチリア同様、多くの民族に支配されてきました。古代からアラブや北アフリカの影響を受けながらも、サルディーニャ島は独自のアイデンティティを守り続け、現在もイタリアの他の州とは違う雰囲気を併せ持つ個性的な州です。

サーディン（いわし）の語源となったサルディーニャ島では、その名のとおりいわし料理をはじめとする海の幸が有名ですが、それに加え、羊料理もサルディーニャ島の名物料理の一つです。

羊料理にも負けないワインが、サルディーニャ島の土着品種ヴェルメンティ

セッラ＆モスカ
ヴェルメンティーノ・ディ・サルデーニャ

エンジニアのセラ氏と弁護士のモスカ氏が旅行先で訪れたサルディーニャ島に魅せられ1899年ワイナリーを設立。ヨーロッパ最大の自社畑を持つ。数々のアワードに輝きイタリアを代表する造り手に。熟したフルーツとハーブの香り、エレガントで上品な口あたりとミネラルの余韻が広がる。参考価格1,958円。

ーノ種で造られるフルボディーの白ワインです。アルコール度が高く、酸味と苦味がしっかりしているため、羊肉の力強さにも負けない白ワインです。

もちろんいわしとの相性は抜群で魚特有の生臭さを旨味に変えます。

イタリアでは、ローマ帝国の拡大に伴い、ワイン造りは瞬く間に全土に広がり、現在も20ある全ての州でワインが造られています。

日本と同じく南北に長いイタリアは、南と北では気象条件や歴史に違いがあり人々の生活スタイルや食文化も大きく異なります。その土地の土壌や天候の特徴に合ったぶどう栽培や醸造技術が継承され、地元の郷土料理にぴったりのワインが造られています。

「ワインが先か食が先か」とよく言われるのですが、イタリアの地元の料理やチーズとその土地で造られるワインが不思議とマッチします。我々ワイン関係者は「イタリアンマジック」と呼んでいますが、イタリア料理とワインのマリアージュは「産地で合わせる」ことをおすすめします。

イタリア北中部のワイン

ラツィオ州、トスカーナ州、ヴェネト州、ピエモンテ州

North of Italia, Center of Italia

イタリア北中部では、なじみの深い銘柄が、
数多く生み出されています。キャンティやソアーヴェ、
プロセッコなど、世界的に有名になるあまり、
粗悪品や「もどき」が出回ることも……。

ラツィオ州の
「エスト！ エスト!! エスト!!!」

首都ローマを擁するラツィオ州のワインを見てみましょう。

ラツィオ州は80％が白ワインを醸造しています。なかでも有名な産地は「エスト！ エスト!! エスト!!! ディ モンテフィアスコーネ」です。

この面白いネーミングは略して「エスト」と呼ばれています。

こんなユニークな産地名がついたいわれをお伝えしましょう。

1107年、神聖ローマ皇帝ハインリヒ5世の命令により、ドイツからローマに赴くこととなったフッガー司教。彼は枢機卿に昇格することに胸を膨らませ旅支度をしておりました。

実のところ大のワイン好きであるフッガー司教は枢機卿への昇格よりもローマで本場イタリアワインが飲めることが嬉しかったのです。

司教は僕《しもべ》を1日早くローマへ送り、美味しいワインが飲める店を探すよう命じました。司教は僕に、おすすめの店を見つけたらドアに「美味しいワインがある」(Vinum Est Bonum)の略で〝Est(エスト)〟と、マークするように命じました。忠実な僕は司教のためローマの街中を丹念に探索し遂に美味しいワインが飲めるバールを見つけました。僕はそのワインの美味しさに興奮してついつい「エスト、エスト、エスト」と3回も書いてしまったのです。

このユニークな名前にはこんなストーリーがあったのですが、実は後日談があります。フッガー司教はワインをたいそう気に入り、地元のドイツに戻らずこの地に住みついてしまいました。司教は毎晩毎晩バールに通いつめ、ワインをとことん堪能しました。ところが司教はワインの飲み過ぎで亡くなってしまったのです。

現在モンテフィアスコーネのサンフラビアーノ教会で眠っているフッガー司教のお墓には「エストエストエストの飲み過ぎで亡くなりました。飲み過ぎに注意」と書かれています。今でも毎年8月に司教を偲んでワイン祭りが行われ

カンティーナ・ディ・モンテフィアスコーネ エスト！エスト!! エスト!!! ディ　モンテフィアスコーネ

1956年に設立された生産者協同組合が造るワイン。中央部で最大のワイン生産量を誇る。ピーチやリンゴの香りを伴う軽やかな飲み心地とスッキリした爽快感のある白ワイン。参考価格1,300円（税込）。

ています。

エストは命を落とすほど美味しいワインだったのですが、その名声は徐々に薄れ、「名前は面白いが味は退屈」などと酷評されたこともありました。現在は著名な評論家からも、「シャブリを彷彿《ほうふつ》とさせるミネラル感と酸味」「抜群のコスパ」などとポジティブな評価がついています。

イタリアの2大ワイン産地の一つ、トスカーナ

イタリア中部のトスカーナ州には、中世の街並みが残り、美しい街や緑豊かな自然が広がります。州都のフィレンツェはローマの植民都市として発展し、その後はメディチ家統治の下、ルネサンスの中心地としてめざましく栄えていきました。

ぶどう栽培の歴史は、紀元前8世紀まで遡ります。恵まれた環境を生かしワイン造りは繁栄しました。しかし、ローマ帝国の崩壊とともにワイン造りは下火となってしまいます。キリスト教の布教で修道院が辛うじてワイン造りを支えましたが、フランスやスペインと違い海外輸出の販路を確保できなかったトスカーナのワインは、国内消費に頼らざるをえなかったのです。

それでも中世の時代には、フィレンツェは毛織物業、金融業が栄え、貴族階級や商人が現れると、ワインと食文化が花開きます。

ヨーロッパの半分の財政を支配していたと言われるメディチ家やフレスコバルディ家などの裕福な人々に支えられたトスカーナでは、フィレンツェやシエナ近郊を中心にワイン造りが繁栄しました。現在はイタリアの2大ワイン産地の一つとして、日常的に飲むテーブルワインから高級ワインまで年間3億6000万本のワインが生産されています。

人気のあまり「もどき」が出回ったキャンティ

トスカーナのワインといえば、キャンティを思い浮かべる方も多いと思います。

「フィアスコ」と呼ばれる丸いボトルを藁で包んだ独特のスタイルは、キャンティのシンボルとなり日本へも多く輸入されました。ワインとは無縁だった私の父も、フィアスコを部屋に飾っていたことを思い出します。

フィアスコの誕生は定かではありませんが、『デカメロン』に参照されていることを見ると、すでに14世紀には生産が開始されていたと考えられます。キャンティでぶどう栽培が始まったのも13世紀頃なので、キャンティとフィアスコはともに成長していったと思われます。

長い歴史の中で様々にスタイルを変えながらも、藁で覆われたボトルは家庭的で毎晩の食卓に並ぶ親しみのあるワインとして、キャンティのイメージアップに貢献しました。藁で包むことで輸送中の割れを防ぐ実用性もあり、インテリアとしても重宝され、フィアスコに入ったキャンティは大評判を呼び人気を博しました。

ところが「キャンティ」と名乗れば売れる時代に入ると、キャンティとして

フィアスコ ボトル
ベッリーニ キャンティ
カンティーナ フラテッリ
ベッリーニ

フィアスコの職人不足により生産・流通が少なくなっている、キャンティの伝統的なフィアスコスタイルは、現在はとても希少価値の高いアイテム。カンティーナ フラテッリ ベッリーニのキャンティは果実味があり柔らかいタンニンが特徴。参考価格1,330円（税抜）。

定められていた地域がどんどん拡大し、フィアスコに入っているだけの粗悪な品が出回るようになってしまったのです。

キャンティの知名度向上に一役買っていたフィアスコでしたが、中身のワインより藁の方が高いと酷評され、ノスタルジックな藁のボトルは悪いイメージがついてしまいました。

またボトルの呼び名である「フィアスコ」は、皮肉にも「大失敗」という意味で、文字通り大失敗だと揶揄《やゆ》されてしまいました。

そこでキャンティリーグと呼ばれる現在のキャンティ・クラシコの生産者たちは汚名返上に乗り出しました。

「キャンティ・クラシコ」発祥の背景は

キャンティ・クラシコの歴史を振り返ってみましょう。13世紀にはぶどう栽培が行われていたキャンティ周辺。人気の産地を守るため1716年、トスカーナ大公のコジモ3世によりキャンティ産地の境界線が定められ、キャンティワインのブランドを確立しました。キャンティは世界初の公式に境界が定められたワイン産地となりました。

1872年、後にイタリア王国の首相となったリカーゾリ男爵は、キャンティワインの品質確保のためぶどうのブレンド率を統一しました。リカーゾリ男爵自身、キャンティにワイナリーを所有し、フランスとドイツへ赴き、最新のワイン造りのノウハウを習得しています。キャンティの土壌に合うぶどう品種サンジョベーゼ（黒ぶどう）を主体に、カナイオーロ（黒ぶどう）、マルヴァジア（白ぶどう）を合わせ、ブレンド率を70：15：15の「リカーゾリレシピ」を設定しました。

芳香性の高いサンジョベーゼをベースとし、タンニンを和らげるカナイオーロ種、白ぶどうのマルヴァジア種でより果実味を加え、まろやかな味わいに仕上げます。

キャンティとフィアスコは広く愛され、その知名度はイタリアのみならずヨーロッパ各地へ広がりました。そして「キャンティ」と名がつけば売れてしまう時代に突入します。

フィレンツェとシエナの間に定められていた「キャンティ地区」の境界はみるみるうちにウンブリア州近くまで広がってしまいました。またもともとの生産者たちも「キャンティ」という名に甘えるあまりワイン造りも疎《おろそ》かになってしまったのです。粗悪なキャンティが出回り評判はガタ落ちです。とばっちりを受けた古参の生産者たちは、1924年、一致団結して新たに「キャンティ・クラシコ協会」をつくり、もともと定められた正真正銘のエリアを「キャンティ・クラシコ」としてはっきり区別しキャンティから独立しました。

ところがまだまだ問題は続きます。

イタリア政府は、キャンティとキャンティ・クラシコの品質向上に一役買おうと、以前リカーゾリ男爵が定めたレシピを改善し、サンジョベーゼを主体にマルヴァジアとトレビアーノ（白ぶどう）をブレンドする「リカーゾリ・フォーミュラ」を設定しました。

ところが当時サンジョベーゼはとても貴重なぶどう品種だったため、安価なトレビアーノ種を主体とした「偽リカーゾリ・フォーミュラ」が出回りました。さらに白ぶどうをブレンドするこの設定にしっくりこない生産者たちは、法律に従わず独自のブレンド、醸造、生産に踏み切りました。

規格外の高級イタリアワイン「スーパータスカン」

この動きはキャンティの東南、ティレニア海沿いに広がるワイン産地ボルゲリの名品イタリアワインの代名詞とも言える「サッシカイア」に帰依《きえ》しています。

ボルゲリにあるワイナリー「テヌータ・サン・グイド」から造られる「サッシカイア」は、フランスのボルドーのぶどう品種を使いイタリアの歴史ある土地でワイン造りを試みました。サッシカイアのオーナーはボルドーワインに惚れ込み、ボルドーへもワイン留学をしていた経験があります。ボルドーに似たテロワールを持つボルゲリではボルドー品種（カベルネ・ソーヴィニオン、カベルネ・フラン）が合うと確信していました。

イタリアでフランスのぶどう品種を使用することはご法度です。ワイン法に基づき、産地ごとに使用できるぶどうが決まっており、法に定められたぶどう品種を使用しなければ格付けを受けることはできません。

さらに時は1940年代、当時イタリアはフランスと敵対関係にあり大バッシングを受けたことは容易に想像できます。ところがそんな非難の声を物ともせず、1968年ボルドー品種100％で造ったサッシカイアが堂々のデビューを飾りました。

新しい試みもさることながらその出来栄えを大きく評価したのはボルドーワインに精通しているイギリスのワイン評論家たちでした。非常に厳しい目と口を持つお偉方の評論家たちを満足させることは容易ではありません。ところがイギリスの権威あるワイン雑誌『デカンター』はサッシカイア19

72年産に「ベスト・カベルネ・ソーヴィニオン」賞を与えました。数あるボルドーワインのエントリーを差しおいての快挙だったのです。

こうして世紀の規格外ワイン「スーパータスカン」が誕生しました。

このニュースは各地で大反響を呼び、キャンティ・クラシコの生産者たちもサッシカイアの偉業に鼓舞され、独自のスタイルを貫くようになりました。

スーパータスカンとは

政府が決めたランクにこだわらず独自のスタイルを貫き生産されたワインのこと。

イタリアでは、ワイン法に基づき産地ごとに使用されるぶどうが決められている。たとえばピエモンテ州で造る場合はネッビオーロ種、バルベーラ種、ドルチェット種など、トスカーナ州ではサンジョベーゼ種、ブルネッロ種など。これら、土着品種を使用しなければ格付けでは規定を満たすことができず最低ランク（P59のVdTランク[現在のVinoランク]）が与えられる。たとえばトスカーナ州でフランス産のぶどうメルローやカベルネ・ソーヴィニオンを使用した場合、最低ランクのVdTになってしまう。

そこで、スーパータスカン（スーパーなトスカーナ州のワイン）と呼ばれるワインは、法で決められたぶどう品種を使用せず、独自のスタイルに合わせ様々なぶどう品種を使用する。

やがて、リカーゾリ・フォーミュラに定められていた白ぶどうのブレンドは禁止となり、サンジョベーゼ100%使用や黒ぶどうの国際品種のブレンドも認められました。

現在キャンティもDOCG、独立したキャンティ・クラシコもDOCGに認定されました。

さらに2014年には、キャンティ・クラシコの中でもトップランクの「グラン・セレッツィオーネ」が制定されました。

認定されるには栽培業社から購入したぶどうではなく自社畑のぶどうを使用し、最低30カ月の熟成期間が定められています。

徹底した品質管理と厳しい規定のためグラン・セレッツィオーネに認定されているワインはまだ少数ですが、今後トップランクの獲得を狙う生産者が増えると期待されています。

干したぶどうで醸造する
ヴェネト州の「アマローネ」

現在、イタリア国内でトップクラスの生産量を誇るヴェネト州をご紹介します。

イタリアの北東部に位置するヴェネト州は、アドリア海に面した立地条件を生かし、貿易の中心地として栄えていきました。東方貿易で巨万の富を得た貴族たちは文化、芸術、科学のパトロンとなり、州都ヴェネツィアはローマやフィレンツェと肩を並べる大きな街に発展しました。

また、貴族たちは晩餐会や舞踊会で披露する贔屓《ひいき》のぶどう園を育て、ワインや食文化の発展に大きく貢献しました。

ヴェネト州は北側は山々が連なり、南はポー川流域のなだらかな丘陵地帯が広がり、ぶどう栽培に適した土地です。地域により気候が大きく変化するため、土壌に合わせて赤、白、発泡酒とそれぞれヴェネト州の名品が造られています。

ヴェネト州の赤ワインといえば「アマローネ」、正式名称アマローネ・デッラ・ヴァルポリチェッラが挙げられます。ロミオとジュリエットの街として知られるヴェローナから北上しアルプス山脈に近い北部に位置するヴァルポリチェッラ地区で造られる、シルキーで柔らかい苦味と甘みが特徴のワインです。

アマローネの製法は独特で、まず原料として陰干ししたぶどうを使用します。十分糖度が上がった良質のぶどうを丁寧に収穫し、スノコの上で約4カ月間陰干しをして、フレッシュなぶどうを干しぶどうのような状態にします。カビが発生しないように毎日チェックし、気温や湿度また風通しなども配慮のうえで、ぶどうの陰干しを進めます。乾燥したぶどうの果汁は通常に比べ、半分以下の量にまで減り糖度が上がったぶどうを、ゆっくり搾り、時間をかけて発酵を進めるのです。それからさらに熟成に2年以上を要し、その後は瓶に詰めて6カ月以上、通常は1～3年の瓶熟成を行い、ようやく出荷が認められることになります。

手間と労力をかけたワインはビロードの口あたりとエレガントな味わいを醸し出し、唯一無二のアマローネが生み出されます。

アマローネにはチョコレートのような甘さと苦味がミックスしており、不思議と飲む者の心を落ち着かせます。リラックス効果をもたらすアマローネは「瞑想ワイン」と呼ばれ、アマローネを使用したマインドフルネスは評判を呼んでいます。

一口アマローネを口に含み、舌の感覚や味や香りに集中することで、五感を

マァジ
カンポフィオリン

2018年『ガンベロロッソ』誌で「ワイナリー・オブ・ザ・イヤー」を獲得し名実ともにトップのワイナリーとなる。1964年に誕生した「カンポフィオリン」はボリューム感と熟したチェリーや甘いスパイスの豊潤なアロマを醸し、アマローネを彷彿する柔らかいタンニンと長い余韻が印象的。参考価格3,960円（税込）。

研ぎ澄まし心を癒やします。

またぶどうを乾燥させる製法によって糖とポリフェノールが凝縮し、長寿遺伝子のスイッチを入れアンチメタボ効果が期待されるレスベラトロールの成分が増加すると報告されました。美容と癒やし効果が期待されるアマローネは、女性を中心に人気が高まっています。

世界で愛されるヴェネト州の発泡酒「プロセッコ」

古くからぶどう栽培を行っていたヴェネト州の中でも、プロセッコの歴史は古く、古代ローマに遡ります。ローマの高官が「プロセッコは長寿のもと」だと記しました。

一杯のプロセッコも貴重だった当時、プロセッコを口にすることで活力や生命力があふれたのかと想像が膨らみます。

長い歴史を持つプロセッコですが、1960年代までは「甘く安価なスパークリングワイン」というイメージが強く、地元イタリアでもカクテル用に使われることがほとんどでした。

トスカーナ州のワインや同州の白ワイン（ソアーヴェ）がいち早くアメリカの販路を築くも、プロセッコは大きく出遅れてしまいました。そこで生産者たちは技術の改善に踏み出し、甘みを抑え新鮮な果実味とキレのよい酸味を表現しました。品質改善を果たしたプロセッコは輸出を強化し、1990年代後半にはアメリカの市場の拡大に成功しました。

ところがプロセッコの人気が高まり名前が定着すると、その知名度を利用してヴェネト州以外の州や他国で「プロセッコ」と名乗るスパークリングワインが出回るようになってしまいました。

プロセッコとは、ぶどう品種であり産地の名前でもあり、プロセッコと表示されても、それがぶどう品種か産地か紛らわしい部分がありました。

実際どこで製造していても、プロセッコ種を使用していれば「プロセッコ」

と名乗って販売することが可能だったのです。

プロセッコの産地がＤＯＣと認められた際、ぶどう品種の呼び名を「プロセッコ」から「グレラ」と変更しました。これで他の地域で生産していた「プロセッコもどき」はもうプロセッコと名乗ることができなくなりました。気分も新たにスタイルを変えたプロセッコは評価を上げ、次々と格付けを獲得しました。その中でも高品質なぶどうを生み出す43の村だけが「リヴェ」の称号を与えられ、さらに最高峰の品質のぶどうを生み出す地区のワインは「カルティッ

ミオネット プロセッコ DOC
トレヴィーゾ ブリュット

最古のプロセッコメーカーのミオネット社は1887年ヴェネト州の北部プロセッコの発祥の地で創業。知名度も生産量もトップクラスのミオネットは国際的なコンクールで数々の受賞経験を持ち高品質なプロセッコとして認知されている。柔らかく綺麗な泡立ち、爽やかなりんごやピーチのアロマを感じる。参考価格2,140円。

ツェ」の表示が認められています。

品質を上げたプロセッコは、シャンパン好きだったイギリスへの市場参入に成功し、劇的に生産量を伸ばしています。

2016年には生産量年間4億7500万本に達し、シャンパンの3億2000万本を大幅に上回りました。また昨今のロゼブームにあやかり、生産者たちはロゼプロセッコの生産に乗り出しました。現在その数は3000万本にのぼります。世界各国へ輸出網を広げ、今後ますますロゼの人気を高め、プロセッコの活躍は続きます。

アウグストゥス皇帝のお気に入りだった「ソアーヴェ」

さて最後にヴェネト州の白ワイン、「ソアーヴェ」をご紹介します。

その歴史は古代ローマまで遡ります。皇帝アウグストゥスのお気に入りのワインで「白ユリから生まれたような美しい白さを持っている」とうたわれました。その名声はその後も続き、ヴェネツィア共和国の時代もソアーヴェは共和国を代表する名産品として、教会、貴族、商人たちに支えられました。

ソアーヴェの畑は、ヴェネト州の西、ヴェローナの東部に位置します。このあたりは3000万年前、海の底で地殻変動により海底が隆起し、現在の地形となりました。土壌は石灰質と火山性土壌が混ざりあい、そのため土壌により様々なスタイルのソアーヴェが生産されます。

火山性の土壌で育ったぶどうは複雑で、バランスの取れた酸味の強いワインを生み出します。フルーティーなアロマ、甘いスパイス、ミネラル、アーモンドの香りが広がり、とても濃厚でしっとりとした口当たりです。

石灰岩の丘で生産されるワインは、力強いというよりもエレガントさが際立ち、トロピカルで熟した果実やフローラルで柑橘系の香りが広がります。

ソアーヴェはそんな恵まれた環境を利用して、イタリアで最も有名な白ワインとなりました。

第二次世界大戦後、アメリカへ出荷すると瞬く間にその評判が広がり、嬉しい誤算ながら、キャンティを上回る売り上げを記録しました。

ところが、1960年代、当時のソアーヴェの栽培畑ではその需要に追いつくことができません。

1700ヘクタールだった栽培面積はあれよあれよと言う間に7000ヘクタールにまで拡大され、交通量の多い道路や高速道路に隣接するギリギリまで広げ、収穫量確保に追い立てられてしまいました。加えてぶどう品種もソアーヴェの主要品種であるガルガーネガに代わり、安価で特徴のないトレッビアーノトスカーノ種に置き換えられ、そのうえ水で希薄してしまうとんでもない生産者まで現れ、ソアーヴェの評判も品質も崩れてしまいました。それまでイタリアの主力白ワインとして人気を博していたソアーヴェの地位はイタリアの新生ピノ・グリージオ種に取って代わられ「ソアーヴェの暗黒時代」と呼ばれる状況が訪れてしまいました。

ピノ・グリージオの爆発的な人気に悔しさを隠せないソアーヴェの生産者た

ちは名声を取り戻すため一念発起し生産エリアの見直しを行いました。古くから存在する産地で上質のソアーヴェを造っていたエリアを「ソアーヴェ・クラシコ」としました。

この地区は収穫量を抑え完全に熟したぶどうを使用します。土壌は石灰質で豊潤なアロマ、クリーミーな果実味、そしてミネラル感がアクセントになり長期熟成の力強いワインが生まれます。

質の高いソアーヴェはミネラルとスパイシーさが混ざりあい、フランスの高

ピエロパン
ソアーヴェ クラシコ

1800年代後半、中世の村ソアーヴェにぶどう畑を購入し「ピエロパン」の歴史が始まる。ソアーヴェの品質や名声が落ちた際、汚名返上に努めたワイナリーの一つで、世界的にその名が知られる。ソアーヴェ固有のガルガーネガ種とトレビアーノソアーヴェ種から造られるワインは、はつらつとしたスタイルでフレッシュな酸味が特徴。参考価格2,700円。

級白ワインを彷彿《ほうふつ》させると言われます。

規定の改正後、現在「ソアーヴェ・クラシコ」と名乗ることができるのは、ソアーヴェ地区にあたるソアーヴェ及びモンテフォルテ・ダルポーネの畑のみです。

またソアーヴェ・スペリオーレは2001年に、レチョート・ディ・ソアーヴェは1998年にDOCG（P59参照）に認定されました。

繊細で優雅な味のワインの女王「バルバレスコ」

ピエモンテ州の最高級ワインの一つ、バルバレスコはバローロとともに人気を二分する存在です。

「ワインの王」と称されるバローロの知名度に押され、バルバレスコはその弟分的な立場とされていた時代もありました。が、現在は「ワインの女王」としてその存在感が際立っています。

共にネッビオーロ種を使用し、両者の畑はわずか20キロも離れていない距離ですが、全く異なるワインを産出します。

南西部に広がるバローロに比べ、バルバレスコは北東に位置し、バローロよりも多少標高が低いため、温暖で早い時期に収穫が可能です。育成期間は短く、また地理的に気象の影響を受けにくいメリットを備えます。2014年、1400㎜の大雨に見舞われてしまったバローロですが、バルバレスコの雨量はわずかに750㎜にとどまり、この差はワインの味わいに大きな違いを出しました。

11のコミューン（ぶどうを生産する村）が存在するバローロに比べ、バルバレスコはわずか4つのコミューンで構成されています。

バルバレスコの畑は栽培面積がバローロの35％と狭いため生産量は限られてしまいますが、土壌やテロワールの違いが少なく一貫性のあるワインを造ることが可能です。

一般的にバルバレスコはタンニンが柔らかく、繊細で優雅だと表現されます。この味わいが「ワインの女王」と呼ばれる所以《ゆえん》です。

また古い歴史のあるバローロに比べ、バルバレスコの歴史は浅く、名前が聞かれるようになったのは130年ほど前のことでした。バルバレスコに住むアルバ醸造農学校の校長ドミツィオ・カヴァッツァが、バルバレスコの土地で栽培される良質のぶどうが全てバローロのワインに使用されていたことに不満を感じたのが始まりです。

カヴァッツァは1894年、バルバレスコのぶどう農家9人を集め、共同でワインを造る協同組合を発足しました。バルバレスコとバローロのぶどうの違いを明確に味で表現し、ラベルに「バルバレスコ産ぶどう」と記しました。純粋なバルバレスコ産のワインが注目されてきたなか、不本意ながら政治的な理由で協同組合は閉鎖に追い込まれてしまいました。

バルバレスコ村の司祭はこの土地が生き残るには村の者たちが協力することが必要だと説き、より多くのぶどう農家を集めて「プロドゥットーリ・デル・

バルバレスコ」を設立します。1958年、組合が発足した当初は教会の地下室でワイン醸造を行っていました。そんな時代を乗り越え、19人で始めた組合は着々と規模を増し、現在は51の農家が加盟する大きな団体に成長しました。生産量は年間55万本に増え、多くの評論家から高評価を得ています。

イタリアの帝王「ガヤ」の独創的なワイン造り

バルバレスコは、バローロよりも少々後れをとって誕生したものの、やがて国外にもその名が囁かれるようになりました。

そして、その名を世間に轟かせた立役者がいます。イタリアの異端児ともイタリアの帝王とも、様々な形容で語られる「アンジェロ・ガヤ」です。

イタリアのみならずワイン界の重鎮として業界を牽引するガヤは、常識にとらわれず自由な発想でワインを醸造します。彼の独創的なワインは世界中に多くのファンを生み、評論家から称賛の声が上がっています。

17世紀半ば、ガヤファミリーの初代ジョバンニが家族とともにスペインからピエモンテのランゲに移住しました。バルバレスコの地でワインと料理を提供する居酒屋の経営を開始し、そこからガヤファミリーの歴史は始まります。徐々にワインビジネスに転向した一家は、戦時中にイタリア軍という大口の顧客への販売を開始し、ビジネスを軌道にのせます。

2代目、現当主のアンジェロの祖母に当たるクロチド・レイがワイン造りに加わり、徹底して品質向上に努め、高価格ワインの販売を貫きました。アンジェロが尊敬する祖母の教えが現在の「ガヤ」を築き、150年余りにわたり最高峰の地位を不動にしてきました。

ガヤが長年その名を轟かせた背景には、品質を維持しただけにとどまらず、その斬新なマーケティング戦略が影響しています。

1937年、マーケティングの才能も持ち合わせていた一家は、業界で初めて、ラベルに大きく赤い文字で一家の名字でありブランド名「GAJA」（ガヤ）

と付けました。

後に雑誌のインタビューでこのラベルの発想について聞かれたアンジェロは「私たちはバルバレスコ、バローロを販売しているのではありません。私たちはガヤを売っているのです」と名言を残しました。

1961年、アンジェロは21歳で家族経営のワインビジネスに参加します。早くもその才能を発揮し、ぶどうの果実の濃度を高める剪定《せんてい》を試みます。その狙いは見事成功し、ガヤファミリーは他社からぶどうを購入せず全て自社栽培に切り替えました。

当初、バローロもバレバレスコもぶどう農家はわずか100人に満たない規模でしたが、ガヤファミリーが広範囲にわたってぶどう畑を購入したことで村に活気があふれ、イタリア一のワイン産地として動き始めました。

その後もアンジェロはグリーンハーベスト（品質を上げるためにいくつかの房を切り落とす）、低収量、バリック（小さい樽）での熟成、長いコルクを使用するなど、革新的なワイン造りを進めていきました。

ここでアンジェロは突拍子もないアイディアを思いつきました。ネッビオーロ種の一等地とされるバレバレスコの地にフランス産ぶどう品種カベルネ・ソーヴィニオンを栽培するという構想を広げたのです。

長年フランスのモンペリエ大学でワイン醸造を学んだアンジェロは、フランスワインへの憧れではなく、ただこの地のポテンシャルを発信するために「フランス産ぶどうを使用した高品質のイタリアワイン」を造ろうと考えたのです。父親はじめ家族の猛反対を押し切り、フランス産カベルネ・ソーヴィニオン種の栽培を遂行。

そして出来上がったワインは『ダルマジ』と命名されました。アンジェロの父親が息子の試みを聞いて思わず口にしたのが「ダルマジ（なんと残念なことを！）」だったという理由からです。

このネーミングからもアンジェロのマーケティングセンスがうかがわれます。

続いて発表したのがフランス産の白ぶどうシャルドネの栽培です。

1979年生まれの娘ガイアと祖母レイの名を合わせて「ガイア＆レイ」と

名付けました。ガイア&レイは着々と品質を上げ、今ではフランスの高級白ワインの産地、モンラッシェにも勝るとも劣らないワインに仕上げられています。

我が道を突き進む彼は妥協を許しません。

1984年、バルバレスコワインを1万2000ケース生産しました。ところが出来上がったワインはとても納得できる味ではなく、アンジェロの基準を満たすことができません。そこでアンジェロは家族の猛反発を押し切り「GAJA」のブランド名をつけず、大量にたたき売ってしまったのです。すでに「GAJA」の名がつけば売れる時代でした。だからこそブランドを守るため、破棄してしまったのです。

アンジェロの妥協を許さない姿勢はワインの品質に反映しました。たたき売った年の翌年の1985年産のワインは世界的に有名なワイン雑誌『ワインスペクテーター』で「1985年産バルバレスコはイタリアで造られた最高のワインである」と絶賛されました。

イギリスの権威あるワイン雑誌『デカンター』はアンジェロを「マン・オブ・

ザ・イヤー」に選び、その功績をたたえました。

ガヤの活躍はまだまだ続きます。

1988年、バローロの一等地を取得し、バローロワインの生産を開始します。その後トスカーナ州へ、そして現在最も注目される産地シチリアのエトナ山の麓のぶどう畑を購入しました。

ガヤは故郷のピエモンテ州だけにとどまらず、イタリアの個性あふれる土地土地でワイン醸造に挑戦しています。1940年生まれのアンジェロは現在も現役で大活躍中です。

現在ガヤが生産するワインは35万本以上に達しました。

Chapter 3

フランス

～知るほど深い伝統国

プロヴァンス地方のワイン

Provence

カンヌやニースなど世界的なリゾート地を擁する
南仏プロヴァンス地方は、
世界で一番のロゼワインの銘醸地でもあります。
ハリウッド俳優など数多くのセレブたちが、
現在、ロゼワインをプロデュースしています。

フランスにワイン醸造を伝えたのはローマ軍

世界一のワイン大国といえばフランス。その歴史は紀元前6世紀頃、古代ギリシャ人によりぶどうが持ち込まれたのが起源だと言われます。

しかし、ぶどう栽培やワイン醸造の基盤がフランスで確立されたのは、ローマ軍の影響でした。紀元前390年から始まった共和政ローマとガリア（ケルト民族の一派が住んでいた地域で、現在のフランス・ベルギー・北イタリアなどを指す）との戦争でローマ軍がフランスへ攻め入った際、ワイン造りが継承されたのです。マルセイユからフランスへ入ったローマ軍は、ローヌ、アルザス、シャンパーニュ、ロワール、ボルドー、そしてブルゴーニュと侵攻しました。ローマ軍が攻め入った進路は、いずれもワインの銘醸産地として現在も名を残しています。

マルセイユの街は紀元前6世紀に古代ギリシャ人により設立され、「地中海の玄関口」となり貿易の拠点として発展しました。

マルセイユから伝わったぶどう栽培は、恵まれた環境を生かし、地中海沿岸各地に広がりました。

地中海沿岸は1年を通して安定した気温が保たれ、夏場はほぼ雨が降りません。果実のエキス分が増える夏場に降る雨は天敵です。また気温は高いものの湿度が低く乾燥しているため、ぶどうの腐敗や害虫の被害にあいにくく、まさにぶどう栽培にうってつけの環境が整っています。

世界一のロゼワイン銘醸地・プロヴァンス

ローマ軍を率いるカエサルは、地元住民にぶどう栽培とワイン醸造の技術を広め、経済的な安定を促しました。ローマの属州になったプロヴァンスの人々は、狩猟中心の不安定な生活を送っていましたが、ワイン造りによりその地に定住し、ローマ軍の統治に収まりました。

ローマ帝国の崩壊後、ワイン造りは停滞しましたが、中世の時代は修道院により再び成長を遂げました。修道院では、赤ワインの生産に注力する一方、ロゼワインの生産も行われました。現在もプロヴァンスはロゼワインの世界一の銘醸地です。

この地で育つぶどうは大量の日射を浴び、皮が厚いのが特徴です。タンニンや色素がたっぷり詰まったぶどうが育ち、果皮から多くの色味が出る果実はロゼワインの生産にぴったりで、広大なぶどう畑を生かして古くから大量のロゼワインが造られました。

またフランス有数のリゾート地としても知られるカンヌやニースは、毎年多くの観光客が訪れます。プロヴァンスの輝く太陽と美しい地中海の雰囲気にぴったりのロゼワインは、プロヴァンスを訪れる観光客を中心に大量に消費されました。

その状況に甘えて、プロヴァンスの生産者たちは長い歴史を持ちながら観光客向けの安価なロゼワインを生産し、結果、この地方では紙パックやお徳用サイズに入った甘みの強い人工的なワインが主流となってしまいました。恵まれた環境だったにもかかわらず、プロヴァンスは二流産地の烙印を押されてしまったのです。

前述したとおり、もともとロゼワインはギリシャで造られた赤ワインの失敗作だと言われています。ワインブームに沸いた紀元前の古代ギリシャでは、赤ワインの出荷を急ぐあまり、果皮から色素が十分抽出されるまでの時間を惜しんですぐに発酵を行ったり、まだ十分実る前のぶどうを使用することがあり、ピンク色のワインが仕上がってしまいました。これが現在、空前のブームを巻き起こしているロゼワインの誕生秘話です。

現在もロゼワインの醸造は古代ギリシャ人の製造過程と同じく、黒ぶどうを潰し、色素が出切る前に果皮と果汁を別々にして発酵させるというのが主流です。

色合いは柔らかなピンク色ですが果皮や種からしっかりタンニンが抽出され、ロゼとはいえパンチのきいた骨格のあるワインが産出されます。

ブラピにボンジョビ、キャメロン・ディアス……著名人の手掛けるワイン

質の向上とともにロゼワインブームの兆しが見え始めた頃、あるハリウッドスターがロゼワインをプロデュースしたことでロゼの人気が爆発しました。

２００８年にブラッド・ピットとアンジェリーナ・ジョリーが南仏のワイナリーを購入。二人がプロデュースした「シャトー・ミラヴァル」はローヌの一流生産者マルク・ペラン氏を醸造チームに加え、実力の伴ったロゼワインを生産しました。評論家たちが太鼓判を押した「ミラヴァル・ロゼ」のその販売初

日には5時間で6000本も売り切り、ロゼワインの人気を決定的なものにしました。

その後、多くの著名人がロゼワインの生産に乗り出し、そのブームに便乗しました。アメリカのロックバンド「ボンジョビ」のジョン・ボンジョビも「ダイビング・イントゥ・ハンプトン・ウォーター」を、同じくシンガーのスティングもイタリアのトスカーナに所有するワイナリーにロゼワインのラインを加えました。

ファッションアイコンのサラ・ジェシカ・パーカーはファッショナブルなロゼワインを発表、ヘルシー志向のキャメロン・ディアスはヴィーガンのロゼワインを生産しました。

「ロゼレボリューション」と呼ばれたそのムーブメントは経済的に大きなインパクトを与え、セレブの介入で後押しされたブームの中核であるプロヴァンスのワイナリーやぶどう畑は投資家が注目する案件となりました。

2019年、超高級ワインのシャトー・ディケムやドンペリを所有する

ＬＶＭＨがプロヴァンスの老舗ワイナリーの買収に乗り出しました。１９５５年にクリュ・クラッセに格付けされたシャトー・デュ・ガルペがＬＶＭＨの傘下に入り、２０１９年、ロゼワインで世界ナンバーワンの販売量を誇る「ウィスパリング・エンジェル」を生産する「シャトー・デスクラン」の株55％を買収しました。

また「スター・ウォーズ」のジョージ・ルーカスも、プロヴァンスのシャトー・マルギを購入しワイン造りを開始しました。

ミラヴァル・ロゼ

ブラッド・ピットとアンジェリーナ・ジョリーが一流の生産者とともに手掛け、大きな話題を呼んだワイン。プロヴァンスの古い村、コランスのぶどうを用いて造られている。繊細なミネラル感が特徴。写真は2020年のもの。参考価格5,000円（税抜）。

映画界の大物や巨大コングロマリットのＬＶＭＨがプロヴァンスに参入したことで、ロゼワインはただのブームにとどまらず、ワインをファッションやライフスタイルの一環とするワイン産業の新しいビジネスモデルが始まりました。

パンデミックの中でも
ロゼは輸出量を伸ばした

ロゼワインのマーケティング戦略は従来のワイン販売と違い、「ロゼワインを売っているのではなくプロヴァンスのライフスタイルを売っている」と言われます。

プロヴァンスはコバルトブルーの空と海、きらめく太陽。絵画の巨匠ゴッホ、セザンヌ、ピカソに愛された美しい景観。高級リゾート地としても名高いカンヌやモナコのハイエンドなライフスタイルなど、日常を離れた憧れの場所です。数あるワイン産地の中で、「これほど夢を売れる産地はない」と専門家が指摘しました。

特にそのターゲットをミレニアル世代へ絞り、ワイン離れが危惧される若者たちへ向けてファッショナブルでヘルシーでお手頃価格のロゼワインをアピールしました。

その戦略は見事的中し、プロヴァンスで造られるロゼの淡いピンク色はSNSに見栄えよく映ります。たくさんのフォロワーを持つインフルエンサーたちが「流行りのスニーカーにロゼワイン」「ヨガとロゼワイン」というかつてのワインのイメージにない写真をアップし、トレンドとして注目されました。

またプロヴァンスでは、オーガニック栽培に適した環境が整っています。プロヴァンスではミストラルと呼ばれる強い地方風が起こります。ミストラルとはプロヴァンサル語で「見事な」という意味に由来しており、まさにその名のとおり見事な強風でプロヴァンス一帯に新鮮な空気をもたらします。この強風により、ぶどうにダメージを与える害虫を吹き飛ばしてくれるのです。

恵まれた環境を生かし、オーガニック、ヴィーガン、サステイナブルといったワイン醸造に力を入れたことで、プロヴァンスのロゼはヘルシー志向の女性たちからも支持されるようになりました。

２０２０年には、新型コロナウイルスの流行が、世界の産業に大きな打撃を与えました。フランスワインも例外ではなく、同年12月には前年に比べ全体的に５％の輸出量減少を引き起こしています。

ところがプロヴァンスの輸出量はパンデミックの中でも６％近くも増加し、コロナ禍において、海外で最大の成長を遂げた唯一のワイン産地となりました。

それまで輸出先の45％を占めていたアメリカが落ち込んだにもかかわらず、イギリス、オランダ、ドイツ、ベルギーへ向けての輸出が増えたことによります。

過去10年を遡ると２０１０年から20年の10年間で、売り上げ９６３％もの増加を記録しました（出所：CIVP French Customers FEVS）。

ワイン基礎教養

「赤と白を混ぜる」はご法度？ ロゼワインの造り方

ロゼワインには、大きく3つの製造方法があります。

●セニエ法

黒ぶどうを使用。赤ワインの製造と同じくぶどうを潰してタンクに入れ果皮から色素が抽出された後、果汁を抜き取り、淡く色付いた果汁を発酵させます。

●直接圧搾法

黒ぶどうを使用。白ワインの製造と同じくぶどうを潰してすぐに果汁と果皮を分け、果汁だけで発酵を行い、ぶどうを潰す際に果皮から色素が出るため淡いピンク色に仕上がります。

●混醸法

黒ぶどうと白ぶどうを混ぜて発酵を行います。

ラングドック＝ルシヨン地方のワイン

Languedoc-Roussillon

ラングドック=ルシヨン地方では、
修道士たちがワイン造りを先導してきました。
現在は、世界最大のワイン生産地として、
多数の生産者たちが、年間18億本ものワインを造っています。

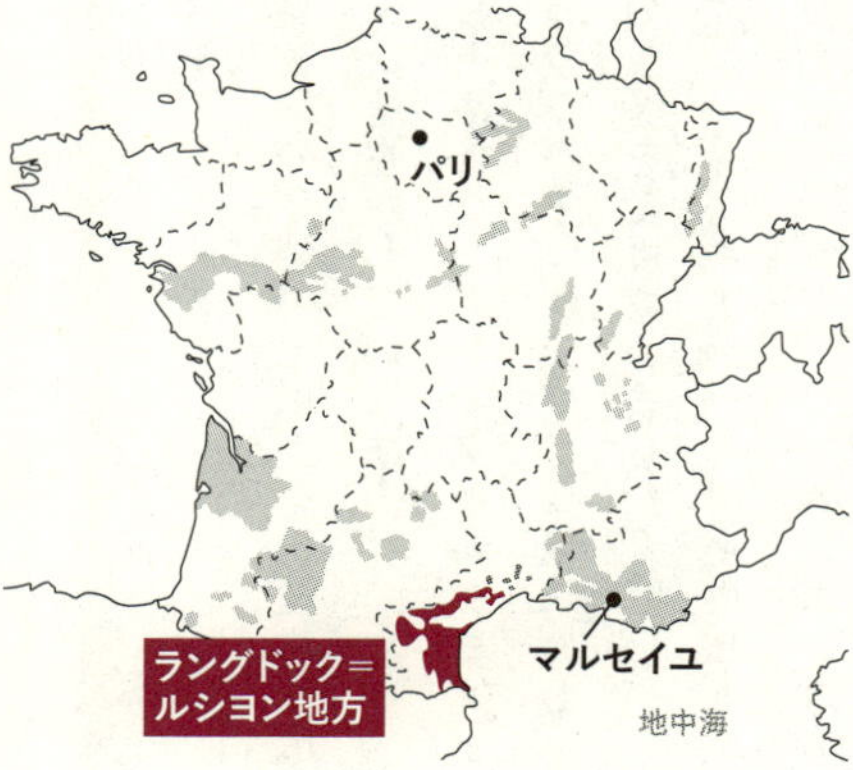

114

修道士がワイン造りを先導した
ラングドック＝ルシヨン

フランスの南部から地中海沿岸に広がるラングドック＝ルシヨンは、世界最大のワイン生産地です。フランス国内ワインの3分の1以上を生産する広大な産地であり、現在は年間18億本ものワインを生産しています。

ラングドック地方とルシヨン地方をまとめてラングドック＝ルシヨンとして一つのワイン産地としますが、かつてはラングドックはフランスに属し、ルシヨンはスペインが支配し、異なる文化の影響を受けていました。

プロヴァンス同様、ワインの歴史は古く、古代ギリシャ人がマルセイユから持ち込んだぶどう栽培とワイン醸造の技術がラングドック＝ルシヨン地方へもたらされました。紀元前6世紀から地中海沿岸のワイン造りは順調に進んでいましたが、ローマ帝国の崩壊を受け、プロヴァンス地方でのワイン造りはしばらく停滞してしまいましたが、その一方で、ラングドック＝ルシヨンはローマ帝国崩壊の影響を受けず高品質なワイン生産を継続し、評判を高めました。

その背景には神の化身としてワイン造りに取り組んだベネディクト派の修道士たちの功績があります。彼らは「祈り、働け」をモットーに熱心にぶどう畑を耕やし、神に捧げるワインとしてより上質なワイン醸造を目指しました。

なかでも世界遺産に指定されている城塞都市カルカソンヌの近くに位置するサン・シニアンで造られるワインは「癒やしの力がある」と言われ、病院でも処方されるほど体によいワインです。サン・シニアンとはベネディクト派の僧侶から命名されており、神聖なワイン産地として祀られた土地でした。

その流れは18世紀まで続き、ラングドック＝ルシヨンでは、サン・シニアンを中心に上質で神聖なワインが造られていました。

しかし、１７８９年に勃発したフランス革命により修道院が所有していた畑は全て没収されます。地元の人々に分け与えられるも、ぶどう畑は手入れが行き届かず、ぶどうは熱射で傷み、畑が乾燥し、品質はみるみる低下しました。

またフランス全土を襲ったフィロキセラ（P167〜参照）によりこの地も壊滅的な被害を受けます。他の産地は復興に向け、すぐに害虫に強いアメリカ産のぶどうを接ぎ木して再生に乗り出したものの、ラングドック＝ルシヨンの土壌はアメリカ産のぶどうと相性が悪く、土壌に合う丈夫で低品質のぶどうの樹を植えざるをえない状況となりました。

さらに、南フランスへ鉄道が敷かれたことで、この地方は、より安価で大衆向けのワイン生産に徹することになってしまいました。

海上輸送が主流だったボルドーやロワールは大西洋に面する立地を利用し、イギリスやドイツなどワイン消費大国への輸出で大きな利益を得ていました。ラングドック＝ルシヨンも鉄道によりヨーロッパ北部への参入を試みるも、海外輸出は思うように進みません。

ラングドック＝ルシヨンは、フランスの植民地のアルジェリアで造られる渋みやアルコール度数が高い赤ワインのブレンド用として、高収量で味の薄いワインを造る産地へと変わってしまいました。

その結果、上質で神聖とされたかつての名声は消えて、安価なワイン産地となり、第一次、第二次世界大戦中は兵士たちへ低品質・高アルコールのワインを供給し、細々とワインビジネスをつなぐ状況となりました。

その後、変化が訪れたのは1962年。アルジェリアがフランスから独立したことでアルジェリアワインのブレンド用の生産に終止符が打たれ、この恵まれた環境を生かして再び高品質のワイン造りを試みる生産者が現れました。

ボルドーの一流ワインより美味しかった2000円の品

私は1999年、ワイン留学中のパリで、有名ソムリエが経営するレストランで一流シャトーのブラインドテイスティングに参加しました。ムートン・ロートシルトやシュヴァル・ブランなどが並ぶそうそうたるリストの中で、最も美味しいと感じたワインがありました。それが、ラングドック＝ルシヨンの

「ドメーヌ・レグリエール」のワインでした。

衝撃を受けた私はソムリエから聞いた住所を頼りに、翌日「ドメーヌ・レグリエール」を目指し出発しました。当時は地図アプリもナビもなく、道に迷った私はくわを担いだ道ゆく農夫にドメーヌの場所を聞くと快く案内してくれました。実はその方がドメーヌ・レグリエールのオーナー兼生産者ご本人だったのです。

醸造所では直々に醸造を伝授してくださり生産者のワイン造りの情熱を感じました。何よりも衝撃的だったのは、そのワインの価格です。日本円にして約2000円（当時の現地価格）。「高いワインこそが美味しいワイン」と信じていた私の価値観は大きく変わりました。

それから10年後、2009年に開催されたサザビーズのワインオークションにそのワインが出品されたのです。ラングドック＝ルシヨンのワインが出品されたのは、長いワインオークションの歴史で初めてのことでした。もちろん私も競り合いに加わり貴重なワインを入手しました。

残念ながらお話を伺った生産者の方はお亡くなりになってしまいましたが、

その子どもが受け継いでいます。その思いを受け継ぐ生産者が増えています。

現在ラングドック＝ルシヨンには2000を超えるワイン生産者が存在し、その多様性が注目を浴びています。「カリフォルニアワインの父」と呼ばれるロバート・モンダヴィが1990年代後半、この地に進出を試みるも地元の人々に受け入れられず失敗してしまいましたが、現在は様々な生産者が世界中から訪れ、新しくワイン造りを開始しています。

ドメーヌ・レグリエール
ル・スーリール・ドゥ・リズ

ラングドックの3大生産者のひとつと言われるドメーヌ・レグリエールが手掛ける赤ワイン。グルナッシュ種、シラー種、ムールヴェードル種を使用しており、いきいきとした果実味が特徴。参考価格2,068円（税込）。

ジュラ・サヴォワ地方のワイン

Jura Savoie

アルプス山脈の麓の小さな産地ですが、
ミネラル分の豊富な土地から、ユニークで個性的なワインを
生産しています。世界5大ワインのひとつとされる
黄色いワイン「ヴァン・ジョーヌ」が有名です。

フランスで最も小さなワイン産地

スイスとイタリア国境の近く、アルプス山脈の麓に広がるジュラ産地は、南北に80キロ、東西6キロのフランスで最も小さいワイン産地です。ブルゴーニュやスイスの影響を受けながらも、ジュラ特有のユニークで個性あふれるワインを産出します。

ぶどう畑はジュラ山脈の間の標高250〜500メートルに広がります。この地方は、大陸性気候の影響で寒さが厳しい環境ですが、南と南西に面した斜面にあるぶどう畑は豊富な日射量を確保することができます。

もともと海底だったジュラの土壌は、たっぷりのミネラルが含まれ、標高の低い土壌は粘土質、高い土壌は石灰岩で構成されています。

ジュラとは恐竜が存在していたジュラ紀の語源となり、また映画「ジュラシック・パーク」にも使われました。今でもジュラ地方では恐竜の化石が見つかることもあるようです。

さてローヌを占領したローマ軍はその後、ジュラ・サヴォワへ軍を進めました。カエサル率いるローマ軍が連合軍と戦ったブザンソン近郊には、有名なワイン産地が存在します。

ジュラワインの中心地アルボワは、細菌学者ルイ・パスツールが生まれ育った土地です。パスツール自身もこの地にぶどう畑やワイナリーを所有し、アルコール発酵や植物と病気のメカニズムを発見しました。パスツールは「ワインドクター」とも呼ばれ、ワイン醸造の向上に大いに貢献しました。

ジュラ地方独自のワイン
「ヴァン・ジョーヌ」「ヴァン・ド・パイユ」

アルボワから南約30キロ下ったところにシャトー・シャロンと呼ばれる産地が存在します。もともとシャロンと呼ばれる修道院があったことから命名されました。

オートセイユ川を見下ろせる高台に広がるシャトー・シャロンはフランスで最も美しい村として登録されています。この地もローマ帝国の影響を受けて銘醸ワイン産地として発展しました。3世紀、当時のローマ皇帝プロブスの命令によりこの地に多くのぶどうの樹が植えられたのが始まりです。そのぶどう畑は後に世界5大白ワインの一つとされる「ヴァン・ジョーヌ」を生み出しました。

ヴァン・ジョーヌはよく完熟されたサヴァニャン種のぶどうを使用します。収穫は他の産地よりも遅く10月下旬頃行われ、醸造されたワインは最低6年間樽で熟成させます。その間、通常行われる注ぎ足し(蒸発などで目減りした分を補充)や澱引きを一切行いません。何も手をつけずに長い時間放置することで、空気に接する表面に酸化で生まれる薄く白い皮膜が生じます。この生きた酵母の皮膜により「ジュラの黄金」と称される黄色いワイン「ヴァン・ジョーヌ」が生まれます。

独自の発酵プロセスで、ヴァン・ジョーヌはシェリー（P209〜参照）に似た熟成香とナッツやスパイスが香る独特の旨味と風味を醸し出します。パスツールの発酵や醸造の研究の中心になったのも、ヴァン・ジョーヌの発酵プロセスでした。

ヴァン・ジョーヌは通常のボトル750㎖よりも少し小さい620㎖の小ぶりの瓶で売られます。これは、熟成中、蒸発により目減りした分を考慮して作られたサイズです。

AOCシャトー・シャロンと名乗ることができるのはサヴァニャンで造られたヴァン・ジョーヌのみで、その他、赤ワインや

AOCとは

フランスの法律に基づき3つのランク分けされる。

上位からAOC、IGP、Vinの順で、AOCの規定を満たすには産地、ぶどう品種、収穫量、熟成法、熟成期間、試飲検査をクリアしなければならない。

基準を満たしていない場合はAOCと名乗ることはできない。

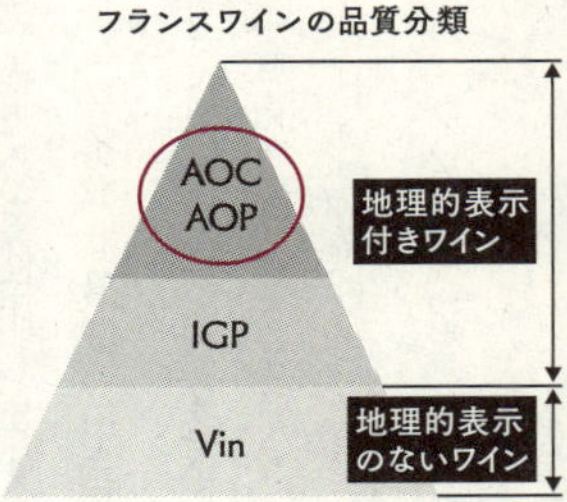

他種で造られた白ワインはＡＯＣシャトー・シャロンとして販売することはできません。また天候に恵まれなかった年はシャトー・シャロンの生産者全員が醸造を行いません。

このように生産量が少なく希少価値の高いジュラの特産品ですが、もともとは樽に入れたままワイン貯蔵庫で忘れられていたことにより生まれた偶然の産物でした。

もう一つのジュラの名産品、藁に包まれた「ヴァン・ド・パイユ」も特別な製法で造られます。

パイユとはフランス語で「藁」。文字通り「藁」を使って造る甘口ワインです。収穫したぶどうを藁の上で3カ月陰干しします。水分が蒸発し、干しぶどうのような状態になったぶどうから果汁を搾り出します。糖分が凝縮された果汁を3カ月かけて発酵させ、約3年間の樽熟成を経て出荷の準備に入ります。「ポ」と呼ばれる375㎖のハーフサイズのボトルで出荷します。

醸造前にぶどうを乾燥させるため、生産量は限られてしまいますが、熟成を経たヴァン・ド・パイユはマーマレード、キャラメル、蜂蜜などのような、自然が織りなす極上の甘みを醸し出します。

ドメーヌ・グラン
コート デュ ジュラ
ヴァン・ド・パイユ

1692年からジュラ地方でぶどう栽培に関わる、歴史ある家系のドメーヌ・グラン。現在はパッスナンに醸造所を移し有機でぶどうを栽培している。グラン家は代々自然農法で土壌とぶどうを守り、化学的なものは一切使用せず天然酵母で発酵、収穫は全て手作業で行う。とことん品質と自然にこだわったヴァン・ド・パイユは「甘みと苦味が織りなす傑作」だと評される。写真は375ml、2015年のもの。参考価格8,800円（税込）。

様々なバリエーションで注目を浴びるサヴォワ地方

サヴォワはフランス東部、レマン湖の南に広がる山岳地帯でスイスと隣接するワイン産地です。

この一帯は標高が高く、ぶどうの栽培には不向きですが、サヴォワの畑は南や南東に面し、ぶどうは十分な日射量を確保することができます。またレマン湖やローヌ川、主流のイゼール川沿いに広がるため、川や湖の緩和効果でマイクロクライメイト（微気候）が生まれます。

場所により温暖な気温が保たれ、ぶどうの育成に適した環境が整っています。サヴォワはフランスワインのわずか0・5％の生産量で、そのうち70％を辛口白ワインが占めています。

サヴォワのテロワールは場所により様々に異なり、また多くのぶどう品種が存在するため、サヴォワワインと一口に言ってもそのタイプはとても多彩です。一例を紹介しますと、主流のぶどう品種ジャケール種はこの地域でほぼ50％も栽培されている白ぶどうです。味わいは洋ナシ、白桃、グレープフルーツなど。果実味が豊富でミネラル分の多いワインを造ります。

その他アルテス種は若い頃はアーモンドやパイナップル、ピーチが広がり、熟成につれトースト、ナッツ、白トリュフの香りが広がります。

ローヌ産地で有名な白ぶどうルーサンヌはサヴォワでは「ベルジュロン」と呼ばれ、酸味がしっかりした芳香の強いワインを生み出し、その味わいは蜂蜜、アプリコット、ナッツ、マンゴーなど個性的な味を醸し出します。

バリエーション豊かなサヴォワの白ワインはブルゴーニュの白ワインに負けない品質を保ちます。昨今の高騰で入手困難なブルゴーニュに代わり、サヴォワの白ワインを買い求めるワインラバーも増えています。

ローヌ地方のワイン

Rhône

ローヌ川流域のぶどう産地では、
寒暖差の激しい気候や独特の土壌から、
唯一無二のワインを生み出します。
ヨハネ22世やルイ14世のお気に入りワインも
この地方で生まれました。

ローマ軍のお気に入りとなった力強いシラー種ワイン

フランス南東部のローヌ川流域に南北に200キロ、東西に100キロにわたる広大なぶどう畑が広がります。

ローマ軍がプロヴァンスから持ち込んだワイン醸造とぶどう栽培の技術はローマ軍の侵攻とともに北上し、ローヌで大きな進化を遂げました。ローヌで造られるワインは当時最も高品質なワインを造っていたイタリア産にひけをとらない味わいだったと言われます。

エジプトで生まれたアンフォラ（ワインを入れる陶器。詳しくはP38）の技術もこの地で向上し、ギリシャで生まれた「テロワール」の概念もこのローヌの地で実践されました。

ローヌ渓谷は3億年前、火山活動や地殻変動が起こり、石灰岩、花崗岩、ミネラル、粘土質の土壌が生まれたことで、様々な岩石で構成され珍しい独特の土壌と寒暖差の激しい気候が特徴です。

ローヌの代表ぶどう品種シラー種は、長い歳月をかけローヌのテロワールと共存し、ぶどうの個性を最大限生かすワインを生み出します。

シラーが造るワインは色が濃く力強い味わいで、ローマ人のお気に入りとなりました。ローヌ川を航行するローマ軍はヴィエンヌを中心に大量のぶどうを植え付け、たくさんの労働者がこの地に移り住みました。街が発展しワイン造

ファミーユ・ペラン
ペラン・レゼルヴ・ルージュ

ロゼワイン、ミラヴァルでハリウッドスターとタッグを組んだ生産者ペラン・ファミリーが手掛けるコート・デュ・ローヌの赤ワイン。ローヌワインらしい力強さと繊細を兼ね備える。プラムやブルーベリーの濃厚な果実味とカカオやスパイスのアロマ。コスパ抜群と評価が高い。参考価格2,650円（税抜）。

りが軌道にのったその矢先、西ローマ帝国が崩壊し、ワインビジネスは大きな打撃を受けてしまいます。

ローマ法王ヨハネ22世お気に入りの「シャトー・ヌフ・デュ・パプ」

西ローマ帝国崩壊により野放しになってしまったローヌの地でしたが、14世紀に入り再びワイン造りが本格化しました。1309年から1377年まで約70年という短い期間でしたが、ローヌ南部のアヴィニョンにローマ教皇庁が置かれました。

1309年、教皇クレメンス5世がアヴィニョンへ居を定めると、ワイン関係者が続々とローヌの地に移り住んできました。

神へ献上するため、慣れないローヌの地で修道士たちはワイン造りに励みますがぶどうが育ちやすいローマと違い、ローヌでのワイン造りは困難をきたしました。何よりも修道士たちの頭を悩ませたのが昼夜の大きな寒暖差です。昼間は照りつけるような日射、朝晩は凍るような寒さでぶどうの根が環境になじむことができません。

ところがそんな状況を改善したのが、ローヌ川から押し流された大小の石でした。日中に照りつける日射で石が温まり、湯たんぽの代わりとなってぶどうの樹を寒さから守ります。今でもローヌ産地へ訪れますと、大きな石や小石などがぶどう畑を覆っています。

教皇庁が置かれたアヴィニョン近くに、シャトーヌフ・デュ・パプというワイン産地が広がっています。ブルゴーニュワイン好きだった教皇クレメンス5世に代わり、ローヌワインを気に入ったヨハネス22世は、ローヌの各地にワイン産地を作らせました。当初はヴァン・デュ・パプ（法王のワイン）と呼ばれていた地域にヨハネス22世が城を建設し、「シャトー・ヌフ・デュ・パプ」（法王の新しい城）と命名されました。

シャトー・ヌフ・デュ・パプは法王にワインを捧げる村として発展し、ワインは「神に愛されたワイン」と称されました。

絶大な権力を持っていた歴代の法王たちも、シャトー・ヌフ・デュ・パプを中心にローヌの南部に自身のぶどう畑を所有し権力を誇示しました。

シャトー・ヌフ・デュ・パプは1936年にフランス初のAOCのひとつとして認定を受けました。現在は約320もの生産者が年間400万本を生産し、毎年生産量は拡大しています。

また、18種類ものぶどうの使用が許可されているシャトー・ヌフ・デュ・パプでは、珍しく黒ぶどうと白ぶどうのブレンドも認められています。とはいえ、実際にはぶどう畑の総面積の72％は黒ぶどうのグルナッシュ種が植えられており、グルナッシュ主体のワインがメインとなっています。

ルイ13世、14世に愛された「エルミタージュ」

南北に長いローヌの地は、同じ産地とはいえ、ワインの特徴は北部と南部で大きく異なります。地中海性気候の南部に比べ北部は穏やかな大陸性気候で、急斜面に作られた段々畑でぶどうの栽培が行われています。

北部の代表的な産地はエルミタージュです。この地はローヌの中で最も小さい産地ですが、古くから質の高いワインを産出していました。

13世紀、アルビジュア十字軍から戻った騎士アンリはほとほと戦いに疲れ果て、人里離れたこの丘の頂上で隠遁生活を始めました。他の兵士たちもアンリの生活に加わり、喧騒から離れこの地で新しくワイン造りに転向しました。隠遁者のことを「エルミット」ということからエルミタージュと名がつきました。後にエルミタージュはルイ13世の公式ワインとなり、ルイ14世もお気に入りの一本に加えました。エルミタージュの噂は海外へも流れ、ボルドーを好んでいたイギリス王室も積極的に買い占めたと言います。当時はボルドーの一流シャトーよりも高額な価格で取引されていました。

長期熟成でユニークな味わいを生む「シャトー・グリエ」

さて、北ローヌには8つのアペラシオン（原産地）が存在します。その中で唯一ヴィオニエ種の白ワインのみを生産するAOCが、コンドリューとシャトー・グリエです。

シャトー・グリエは1936年にAOCとして認定され、シャトー・グリエという生産者の名がそのままAOCとなったモノポール（一つの畑を一つの生産者のみが独占的に所有する）です。

1830年、シャトー・グリエの所有権を引き継いたガシャ家は、花崗岩《かこうがん》で形成される斜面を利用し、樹齢40年以上の古樹を育てました。10年以上熟成させしっかりした白ワインを造ります。

アプリコット、トリュフ、蜂蜜のアロマに加え、オレンジやアニスの味わいが広がり、長い熟成とともに様々な花の香りが醸し出されると評判のワインです。

他にはないユニークな存在のシャトー・グリエですが、栽培面積が極端にせまいため十分な生産量を確保することができません。経営的に行き詰まりを感じていた2011年、「シャトー・グリエ買収」というニュースが流れました。

買収金額は公にされていませんが、ボルドーの5大シャトーの一つ「シャトー・ラトゥール」を所有するフランスのビリオネアー、フランソワ・ピノー氏が買い取ったとのことでした。

また一つ歴史あるシャトーが大企業の傘下となりましたが、シャトー・グリエ継続が可能となりワイン関係者たちは胸を撫で下ろしました。

シャンパーニュ地方のワイン

Champagne

お祝いの場に欠かせないシャンパンは、シャンパーニュ地方の
名産品です。偶然の産物から生まれたシャンパンは、
ピエール・ペリニオンやヴーヴ・クリコにより、
世界で愛されるワインとなりました。

シャンパン名産地も、昔は「偽物ブルゴーニュ」のブレンド用？

アルザスを征服したローマ軍はシャンパーニュ地方へ軍を進めました。シャンパーニュ（Champagne）という名称は、イタリアの南部に位置するカンパニア（Campania）州から由来したと言われます。

カンパニアは田舎という意味があり、当時のシャンパーニュはただ白亜質の丘が広がる、何もない土地でした。

現在はシャンパンの名産地として最も高名な街となりましたが、ここシャンパーニュにぶどうが初めて植えられたのは8世紀カロリング朝のシャルル1世の時代です。大のワイン好きであったシャルル1世は、シャンパーニュの地でぶどうの植え付けを命じました。のちのブルゴーニュの銘醸畑シャルルマーニュの語源になるなど、ワインの歴史を築いた一人として名を残しています。

赤ワインの生産が進むブルゴーニュにライバル心を抱いていたシャンパーニュの人々は、ブルゴーニュに負けじと赤ワインの醸造を試みます。今でこそシャンパンの名産地ですが、もともとは赤ワインの生産からスタートしました。

ところがシャンパーニュは、ぶどう栽培の北限に位置し、赤ワインを造るには気温が低すぎる環境でした。年間の平均気温は10度、糖度の高いぶどうを栽培することがとても困難な地域だったのです。

987年、フランス大聖堂で行われたフランス国王ユーグ・カペーの戴冠式では、地元シャンパーニュの赤ワインが使用されましたが、そのワインの記述には「ピンクがかったワイン」と記録され、果皮から十分な色素やエキスが抽出できず薄味のワインであったことが残されています。

そんな状況下においてもワイン造りが盛んになったのは、シャンパーニュの立地が大きく関係しています。パリの東130キロほどのシャンパーニュ地方の中心地ランスは、ドイツとパリを結ぶ軍の進路に当たります。道路脇にワイン醸造所をつくり、軍が進行する際、生産者たちはここぞとばかりにシャンパーニュワインをアピールしました。また、すでに人気の高かったブルゴーニュワインの買い付けに来るフランダース（オランダ）の商人に向け、安価なシャンパーニュワインを販売、フランダースの商人は高価なブルゴーニュワインにシャンパーニュワインを混合し「ブルゴーニュワイン」と偽り販売しました。今のシャンパーニュからは想像もつかない歴史があります。

ただその立地が災いすることもありました。パリへ向かう軍のルートであったことから、戦争や宗教戦争などの紛争に巻き込まれ、ぶどう畑が荒らされて醸造所が破壊されるなど、歴史的に様々な困難を乗り越えてきました。

シャンパンは修道士の「うっかり」から生まれた

そんな浮き沈みのあったシャンパーニュ地方が、世界一のシャンパンの産地として現在の名声を築く転機が訪れました。「シャンパンの祖」と呼ばれるピエール・ペリニオン修道士の出現です。1638年にシャンパーニュ地方で生まれ、その一生をシャンパン造りに捧げた人物です。

17歳でベネディクト会に入信したピエール少年は、1668年シャンパーニュにそびえ立つオーヴィレール修道院の醸造責任者に抜擢されます。7人兄弟の末っ子として生まれたピエール少年は幼い頃から父親が所有していたぶどう畑で栽培を手伝い、自然にぶどうの知識を持ち合わせていました。

当時の醸造責任者とは、修道院にとってとても重要な任務です。修道院の財政はワイン醸造に頼っていたからでした。「キリストの血」とされたワインの赤色を十分に醸し出すことが大切ですが、寒さが厳しいシャンパーニュではぶどうを完熟させ赤々とした色素を抽出することが難しく、高い醸造技術が必要とされていました。秋口に収穫を終えたペリニオンは醸造を終え、後は春先にワインが出来上がるのを待つだけという状態で倉庫を閉めました。ところが数本のボトルだけ倉庫に入れ忘れてしまったのです。これが世紀の大発見「シャンパン」の誕生につながります。

通常、ワイン造りは圧搾したぶどうが酵母の働きにより糖分を分解してアルコールと二酸化炭素を発生させ、ぶどうの果汁からワインというアルコールを含んだ液体に変化していきます。

外に置き去りにされたワインは寒さのため液体が凍り、冬の間、酵母菌の活動がストップしてしまいました。春が訪れ気温が上がると、休眠中だった酵母の活動が始まり、発酵し二酸化炭素を生成し始めたのです。ボトルの栓を開けてみるとワインが吹きこぼれたり、瓶内に二酸化炭素がたまってボトルが割れるなど、怪奇な現象が起こりました。

泡が吹き出る奇妙な発泡ワインを恐る恐る飲んでみるとこれが意外に美味しく、この失敗をもとに発泡性ワインの醸造、品質改良に取り組みました。

もうお気づきになられたとおり高級

フランス・サント=ムヌーにあるペリニオンの像。（写真：Photononstop/アフロ）

シャンパンの代名詞となっている「ドン・ペリニオン」、通称ドンペリはペリニオン修道士から命名されました。

「今私は星を飲んでいる」

その後、ペリニオンはシャンパン造りのマニュアルを制作します。当時作られたマニュアルは現在も受け継がれている製造方法とほぼ同じです。

- ピノ・ノワール種のみから造ること（現在は8種類使用可能）
- ぶどうの栽培は低樹形仕立てにすること
- 小さい実の果実を育てること
- 積極的に剪定すること
- ぶどうの房を足で踏んで潰すことは禁止

二酸化炭素の発生でコルクが飛ばないようにコルクと瓶を紐で結ぶことを思いついたのも、ペリニオンだと言われています。悪魔のワインと恐れられた発泡性ワインの改良改善を重ね美しく細かい泡が立ちのぼるシャンパンを完成させたペリニオン氏。「今私は星を飲んでいる」とシャンパンを味わいました。

また醸造責任者に任命されたペリニオンは「私の使命は世界最高のワインを造ることである」と書き残し、その自筆は今も残っています。

まさにその任務をまっとうしたペリニオンはその偉業が現在も受け継がれ、シャンパン産業は、現在年間総生産量3億本以上を誇る一大産業となりました。

ペリニオン修道士以前にもシャンパンは存在していたなど諸説ありますが、大きな功績を残したことは間違いありません。

その後、18世紀初頭から大手シャンパンハウスが続々と設立され、シャンパン造りの品質向上が行われました。希少価値の高いシャンパンは王侯貴族に好まれ、フランスのみならず、イギリス、ロシアをはじめ各国へ輸出が行われシャンパンはお祝いや特別なときに飲むスペシャルな一本となりました。

フランス皇帝ナポレオンが残した名言があります。

「シャンパンは戦いに勝ったときは飲む価値があり、負けたときは飲む必要がある」

シャンパンの美しい泡立ちを可能にした ヴーヴ・クリコ

もう一人、シャンパン産業の礎《いしずえ》を築いた人物をご紹介します。

黄色いラベルが印象的な大手シャンパンメゾン「ヴーヴ・クリコ・ポンサルダン」のクリコ未亡人（ヴーヴ・クリコ）です。

彼女は数々の偉大な功績を残しましたが、なかでもシャンパングラスで弾けるクリアで美しい泡立ちを可能にしたのはクリコ未亡人のアイディアです。

実業家クリコ家が1772年に創業したシャンパンメゾン「クリコ」を受け継いだ長男フランソワのもとに嫁いだのが、ポンサルダン家の令嬢ニコル。彼女はのちにシャンパンメゾン「ヴーヴ・クリコ・ポンサルダン」を世界一のシャンパンメゾンに押し上げたビジネスウーマンとなりました。

裕福な家に生まれ何不自由なく育ったニコルは21歳で実業家の長男フランソワ・クリコのもとへ嫁ぎました。娘に恵まれ幸せな日々を送っていた矢先、夫のフランソワが他界してしまいました。幸せの絶頂から突然最愛の夫を亡くしたニコルは、悲しみに明け暮れ、生きる希望をなくしてしまいました。

実家も嫁ぎ先も裕福で娘とひっそり暮らすには経済的に困らない環境だったのにもかかわらず、彼女は亡夫の遺志を受け継ぎシャンパンメゾンの経営を引き継ぐ決心をしました。1805年、クリコ未亡人27歳という若さです。

当時はまだフランス革命後の混乱や皇帝ナポレオンの戦乱のなか、ビジネスの経験がないニコルにとって無謀だと思われた決意でした。

しかしニコルは天性のビジネスセンスを生かし、着々と自社のシャンパンビジネスを成長させ、数々の偉業を成し遂げたのです。

「ヴーヴ・クリコ・ポンサルダン」とメゾン名を変更した1810年、世界で初めてヴィンテージシャンパン（その年に収穫されたぶどうのみを使用）の製造販売を始めます。社名変更に伴い、マーケティング強化と醸造技術の向上を進め高級なブランドイメージ確立に努めました。

ニコルのビジネスセンスが発揮されたのが、ロシアへ向けての販売戦略です。

シャンパン好きだったロシア皇帝が大の甘党と聞いたニコルは、皇帝の好みに合わせ、大量の砂糖を加えたシャンパンを製造しました。ちなみにコーラの糖分は113グラム／リットルですが、これに対し200グラム／リットルも

ヴーヴ・クリコ
イエローラベル ブリュット

1772年ハウス財団クリコ設立。27歳の未亡人クリコがメゾン経営を引き継ぎビジネスウーマンの先駆けとして頭角を現す。ヴーヴ・クリコは新しい発想でビジネスを展開。90年持続可能なぶどう栽培を開始、ぶどうの皮や自然の食物を原料とした世界初のパッケージを発表するなどエコフレンドリーな取り組みを行う。参考価格6,600円（税込）。

の砂糖を入れたシャンパンを造ったのです。

この極甘シャンパンはロシア皇帝に大いに気に入られ、ヴーヴ・クリコ社は大きく発展していきました。

ところがロシアへの販売を強化する一方、常に彼女の頭を悩ましていたのが、ボトルにたまる澱が原因で綺麗な泡が立たないことでした。

沈殿物は酵母から出るため、それを取り除くには出荷直前に抜き去るしかありません。唯一の方法は熟成中のシャンパンのボトルを下に向け沈殿物をボトルの首の部分に集め、ボトルに充満する二酸化炭素の勢いで澱を飛ばすという手間のかかる方法しかありません。

ペリニオン修道士のオーヴィレール修道院やランス大聖堂でも、修道士たちは澱を取り除くため様々な方法を試みました。ボトルの口を砂に挿し沈殿物を口の部分に集めようとしますが、その試みはほぼ失敗に終わり、５９４本中３４５本が圧力により粉砕してしまったと記録が残っています。ニコルは斜めに立てかける板（ピュピトル）を発明しその板に穴をあけそこに斜めにボトルを挿し澱を口の部分に集めました。一瞬にして栓を抜き集まった澱は二酸化炭素の勢いで飛ばされその後すぐにコルクで封をします。昔は液体を飛ばしすぎて量が減ってしまったことを隠すためにフォイルで覆い隠しました。今もその名残でボトルの首の部分はフォイルが覆われています。ピュピトルは女性ならではの発想でニコルはまな板からヒントを得たそうです。

現在は機械化が進み、人の手を介さず澱を取り除きピュアで透き通ったシャンパンの製造が可能です。

ニコルの発明はこれだけではありません。

1818年、世界初のブレンド法を用いたロゼシャンパンを誕生させました。当時のロゼシャンパンはベリーから抽出した色味を混ぜピンク色に着色したものでしたが、ヴーヴ・クリコは白ワインに赤ワインをブレンドしてロゼシャンパンに仕上げました。

現在シャンパーニュ地方ではロゼシャンパンは「セニエ法」「直接圧搾法」そしてニコル草案の「混醸法（ブレンド）」（P112参照）が採用されています。

ロワール地方のワイン

Loire

ロワール川流域のワイン造りは、
紀元1世紀からという長い歴史を誇ります。
中世から近代の栄枯盛衰を経て、現在は、
ミュスカデ種の白ワインをはじめ、ロゼなど、
地域ごとに個性のある銘柄を生み出しています。

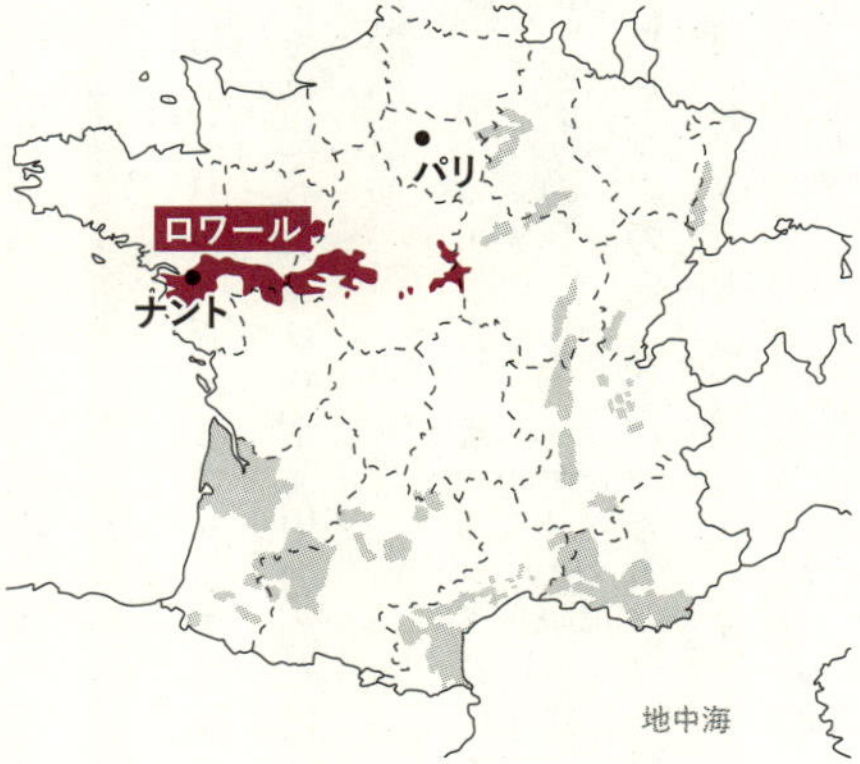

ブルジョアジーが生んだ、カベルネ・フラン種の赤ワイン

ロワールの産地は、フランスの北西部から中部へ流れるフランス最長のロワール川流域に広がります。約1000キロにも及ぶロワール川の周りには城館や庭園が築かれ、中世の優雅な風景が漂います。

ロワールワインの歴史は紀元1世紀、古代ローマ人によるぶどう栽培から始まりました。本格化したのはローマ帝国末期の372年です。ぶどう栽培やワイン醸造に詳しいサン・マルタンがロワール川のほとりにマルムティエ修道院を建設し、布教活動のためぶどう畑の開墾を進めました。

966年、モンサンミッシェルの修道院が建てられると、ロワール地方は多くの巡礼者が訪れる聖地となりワイン醸造はより盛んになりました。

ロワールワインの評判が高まると1154年イングランドの国王に就任した

ヘンリー2世はロワールのアンジューワインを大量に輸入します。ついにはアンジューワインが好きすぎて法廷中でも飲んでよいとの許可を下しました。

百年戦争に勝利したシャルル7世がロワールに宮廷を移してから約1世紀半、ロワールはフランスの政治や文化の中心となり華やかな宮廷文化が開花しました。ロワールのワイン醸造がヨーロッパで最ももてはやされた、ロワールワイン全盛期が訪れます。

当時ロワールは聖職者と土地の領主しかワインを造ることが許されなかったのですが、ビジネスの成功で力を増したブルジョアジー（中産階級）からの強い要望により誰でもワイン造りが許される法律が確立されました。

資金的に余裕があったブルジョアジーはすぐにワイン造りに着手しロワールの主要品種カベルネ・フランで造る芳香豊かな赤ワインはオランダでも大人気のワインとなりました。

オランダ商人はロワールに移り住み、ほぼ全てのロワールワインを買い占めました。イングランドへ輸出されるワインも高額で買い取ったと言います。

フランス王フランソワ1世は政治や文化の中心であったロワールをルネッサンスのきらびやかさと華やかさでもり立てようとミラノ公国からレオナルド・ダ・ヴィンチをロワールに招きました。ミラノにぶどう畑を所有していたダ・ヴィンチは、この地で最期の数年をワイン造りと研究や画業に没頭したと言われます。ダ・ヴィンチが設計に携わった城は、現在も威風堂々佇《たたず》んでいます。16世紀初頭、ルネサンス絶頂期のロワールは300もの城が築かれ、最も華やかな宮廷絵巻が繰り広げられました。しかし、やがてフランスの中心地はパリ郊外のベルサイユへと移っていきます。貴族たちはベルサイユへ移り住み、ロワールワインからボルドーやブルゴーニュワインへと心変わりしました。

王侯貴族が離れロワールのワインビジネスに陰りが見えてきた矢先の1709年、ロワール全域は大寒波に見舞われました。ぶどう畑はほぼ全滅し、唯一極寒に耐えた品種はブルゴーニュから伝わったムロン・ド・ブルゴーニュという白ぶどうのみでした。ロワールの名産カベルネ・フラン種は全滅し、寒さに強いムロン・ド・ブルゴーニュ種に植え替え、細々とワイン稼業をつないでいた状況下、さらにロワールを襲ったのが、１７８９年に勃発したフランス革命です。ロワールの地にも革命の影響が及びました。きらびやかにそびえ立つ城は無情にも破壊され高価な調度品は盗難に見舞われました。

ぶどう畑は荒らされ見るも無残な状態へと変わり、ボルドー以上にワイン産業が盛んだったロワールの栄光は消え去ってしまいました。

ミュスカデ セーヴル エ メーヌ
シュル リー
ドメーヌ サンマルタン

1948年に創立しミュスカデのスペシャリストとして知られるドメーヌ 。ミュスカデ種（ムロン・ド・ブルゴーニュ種）を100%使用しシュール・リー製法で深みと旨味を出す。レモンやグレープフルーツの酸味と青リンゴのようなすっきりした果実味のバランスがよく、キレのある後味が特徴。参考価格1,210円（税込）。

ロワールの4つのワイン産地

ロワールはその土壌や気候の特徴を生かし、個性あるワインを産出してきました。ブルゴーニュより北部に位置しますが、大西洋の暖流とマイクロクライメイトによりぶどう栽培に最適なテロワールが存在します。

厳格な規定や格付けを制定しなかったため特別高級なワインや古いシャトーは存在しませんが、川沿いに原産地統制呼称（AOC）および地理的表示保護（IGP）システムにもとづく87の産地があり多種多様なワインが造られています。

ロワールの4つのワイン産地

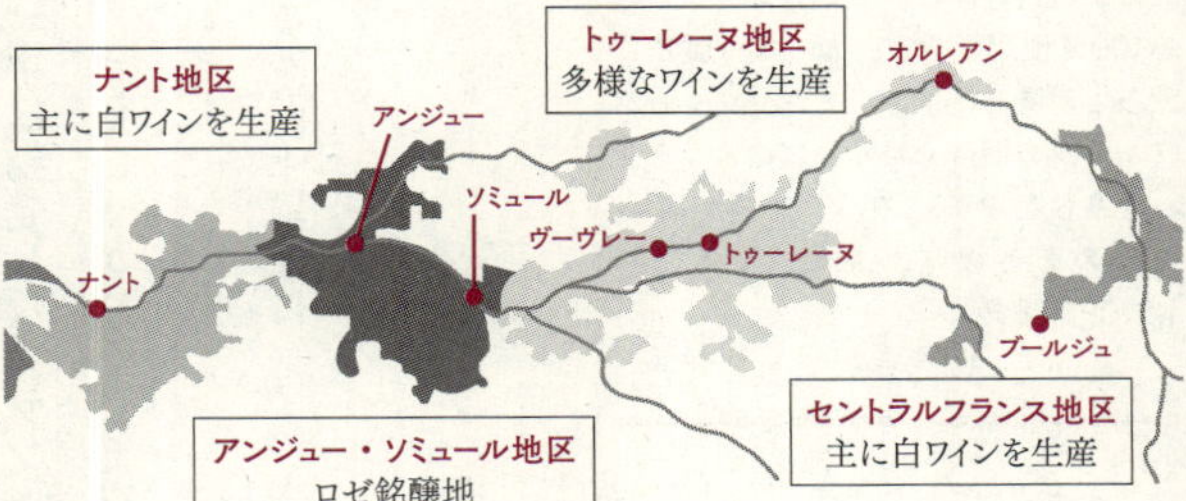

ボルドー地方のワイン

Bordeaux

世界一の高級ワインの産地として名を馳せ、
世界遺産にも登録されているボルドー。
しかし、その道は順風満帆ではありませんでした。
害虫フィロキセラの被害蔓延が、意外にも、
現在の高級路線に一役買うことになります。

ボルドーワインの普及に貢献した営業マン「ネゴシアン」

名実ともに世界一のワイン産地、ボルドーはフランスの南西部に位置し、大西洋へ流れる大きな河川に囲まれた温暖な海洋性気候に恵まれています。ボルドーという名は「水のほとり」を意味する古語が由来です。

ボルドーはワイン運搬に恵まれた立地を利用して、古くから海外貿易で発展しました。ぶどう畑の広さは12万ヘクタール、その広さはブルゴーニュの4倍に当たります。

現在ボルドーには1万人弱の生産者が存在し、金額にして約25億ユーロ以上を生産、世界で毎秒20本のワインが売れています。

巨大なワイン産地として発展したボルドーはそれまでの長い歴史のなかで様々な人々に支えられ、現在の地位を確立しました。なかでも大きく貢献したのがボルドーワインの営業・販売を担当した「ネゴシアン」と呼ばれるオランダ商人です。

ボルドーは中世の時代、すでにイギリスに向けワインの輸出を行っていましたが、1308年はエドワード2世（1284－1327）の結婚式に向け1000トンものクラレット（ボルドーの赤ワイン）の大量注文が入りました。その量は、現在のボトルで115万2000本に相当します。生産者は醸造、出荷で大忙しのため、オランダ商人に配送、営業、集金など全ての業務を委託しました。生産者はワイン醸造に専念し、辛うじて結婚式に間に合わせることができました。のちにこの商人たちはネゴシアン（ネゴシエーターの意味である「交渉人」）と呼ばれ、ボルドーで最も力のある存在となります。

17世紀、ボルドーは、現在のようにシャトーのブランド化も格付けもまだ確立されておらず全て「ボルドーワイン一括り」として売られていました。

消費者も味がわかってくると特定のワインを要求するようになります。そのニーズにこたえ、畑別に販売する必要が出てきました。ネゴシアンは、畑別、ブランド別、ヴィンテージ別に販売を開始し、ボルドーの特別感を出し世界一のワイン産地の基盤をつくりました。

当時はシャトーの所有者である王室や貴族は「働かないことが美徳」とされていた時代です。ぶどう栽培やワイン醸造は専門家や使用人に委ね、営業は業務委託に任せることで面子を保つことができました。

ネゴシアンはヨーロッパ各国へ営業に回り、上流階級を中心とした消費者へ直接販売を行いました。現在ネゴシアンは決められたマージンでワイン業者へのみ卸す仕組みですが、当時のネゴシアンは言い値で直接消費者へ売り、大きな利益を得ていました。

ベルサイユの貴族たちのニーズを満たした高級ワイン

実のところ、優雅な存在であるはずのシャトーのオーナーたちですが、現実的には資金的にかなり行き詰まった状態でした。

広大なぶどう畑を常に健康的な状態に保つことはとても労力がかかり、シャトーの維持費も莫大な経費を必要としました。またワイン醸造はぶどうの収穫後、発酵、瓶詰め、出荷まで一連の作業に数カ月から数年を費やすため、すぐには資金の回収ができません。天候に大きく左右されるぶどう栽培は不作に終わることもしばしばで、資金繰りに窮するシャトーが多かったのが実状です。

シャトーオーナーに比べ資金に余裕のあったネゴシアンは、先物取引として樽に入ったままシャトーからワインを購入し、ネゴシアンがボトル詰めを請け負うということも行いました。

当時は瓶自体も高価であったため、背に腹は代えられないシャトーのオーナーたちは、多少安い価格でも樽のままネゴシアンに販売したのです。

ネゴシアンは瓶詰め、ラベル貼り、出荷の手配に加えて、最も羽振りのよかったベルサイユ宮殿の顧客たちに向け、ボルドーでトップのシャトーであるラフィットとラトゥールをブレンドしたスペシャルなワインを販売するなど、贅沢を極めた彼らのニーズを満たしました。

ネゴシアンのマーケット戦略も成功し、ボルドーは高級ワインの産地としての地位を築きます。奴隷貿易などで巨万の富を得たボルドーの街は、文化的な発展に加え、ワインの品質が劇的に向上しました。

海外への輸出やベルサイユ宮殿への販売で経済的に潤ったボルドーのワイン産業ですが、庶民たちは高級ワインに消えてしまう高い税金に苦しみ、その不満はやがて革命へと発展してしまいました。

フランス革命勃発の1789年、ボルドーの街は一転し、シャトーのオーナーたちは次々と断頭台へ送られました。所有者を失ったシャトーやぶどう畑はネゴシアンやブルジョア商人たちが引き取り、ビジネスセンスとワイン醸造の知識を駆使してボルドーワインの回復を図りました。またナポレオンの出現でフランスは数々の戦争で勝利を収め、革命から程なくしてボルドーのワイン産業はかつてない繁栄の時を迎えました。

1853年、パリとボルドー間に鉄道が開通、そして55年、パリ万博に向けナポレオン3世の命によりボルドーのメドック地区のワインの格付けが制定されました。

ボルドーという名は世界へ浸透し、世界一の高級ワイン産地としてその地位を不動のものにしました。

「シャトー・ムートン・ロートシルト」がメドック格付けで1級を逃した理由

1855年、パリ万国博覧会が開催されました。

万博の指揮をとったナポレオン3世はすでに名声を誇っていたボルドーワインを農業部門のメイン商品として選び、ボルドーワインの格付けを命じました。

格付け作業はボルドー市の商工会議所が任され、約700以上のシャトーがエントリーしました

あくまでもワインの品質やシャトーの規模をもとに厳選な審査の予定ではあ

ったのですが、ほとんどの審査員はネゴシアンが担当したため、個人的な先入観や感情的な思い入れが入った審査結果となりました。

なかでも大きな物議を醸したのが「シャトー・ムートン・ロートシルト」です。1853年にイギリス系ロスチャイルド家の息子ナサニエルが「シャトー・バロン・ムートン」を購入し、「シャトー・ムートン・ロートシルト」（シャトー・ムートン・ロスチャイルド）と名前を変更しました。

ワインの品質も規模も1級に値するには申し分ないものでしたが、審査の結果はまさかの「2級」。この結果は政治的な背景が関与していました。ナサニエルの父親はナポレオンがワーテルローの戦いで敗戦したことで大儲けをし、莫大な資産を築いた人物です。イギリスの公債をわざと投げ売りして大暴落させ、二束三文で買い戻して大儲けをしたのです。その手口を心よく思っていないフランス人審査員たちは、私的な理由から「1級」を与えませんでした。

「2級」という屈辱を味わったシャトーは「1級」獲得への目標を掲げて118年、ついに1973年、見事に「1級」への昇格を実現しました。

この年のラベルを担当したのは最も有名な画家ピカソです。残念ながらこの年は寒波や台風に見舞われ、ワイン自体の評価はあまりよくありませんでした。しかし勝利の象徴として多くのワインコレクターが所有している一本です。

また堂々格付けの1級に選ばれた「シャトー・オー・ブリオン」も政治的背景が関与しています。もともとシャトーが存在するグラーヴ地区は、格付けの資格を満たしていない産地でした。

ただし、シャトー・オー・ブリオンは最も古い歴史と格式を持ち、ワイン貿

1973年 シャトー・ムートン・ロートシルト
（シャトー・ムートン・ロスチャイルド）

長年の悲願だったボルドーメドック格付け1級への昇進を果たした1973年のワイン。この年の出来は評価が高くなかったが、パブロ・ピカソがラベルを手掛けたことで、コレクターからの人気が高い。

易に大きく貢献したシャトー です。シャトー・オー・ブリオンの存在なしにはボルドーの名が世界に轟くことはなかったでしょう。規格外でオー・ブリオンに「1級」を与えたのは、もっともな選択だったと思われます。

1855年の格付けには、「1級」から「5級」まで57のシャトーが選ばれました。格付けからすでに165年以上が経過し、大きな見直しはムートンの昇格以外はありませんが、シャトー名の変更、シャトーの分裂やM&Aなどで現在は61のシャトーが名を連ねています。

さてパリ万博の大成功によりボルドーワインの名声は世界に広がり、価値は劇的に上がりました。1868年、金融業界を牛耳るロスチャイルド家の5男ジェームス・マイヤーも、ボルドーのトップに君臨する「シャトー・ラフィット」を手中に収めました（後に「シャトー・ラフィット・ロートシルト」と改名）。

ヨーロッパはもとよりアメリカへも大量に輸出を行い、ボルドーのワイン産業の勢いが加速していた矢先、ヨーロッパ中を驚愕させたぶどうの害虫「フィロキセラ」が発生しました。フィロキセラとは、ぶどうの樹を全滅させるアブラムシです。瞬く間に広がった害虫はフランス全土の4分の3の畑を食い荒らし、ボルドーも壊滅的な被害に見舞われました。

枯れ果てていく畑は手放され、手の施しようがありません。苦肉の策で取り入れられたのが害虫に強いアメリカ産のぶどうの樹を接ぎ木することでした。すぐにアメリカからぶどうの樹を輸入し、一本一本接ぎ木が行われました。フィロキセラの発生前のワインは、アメリカ産のぶどうと交配していない正真正銘の純フランス産ワイン「プレフィロキセラ」と呼ばれ、オークションにしばしば登場していましたが、今はほとんど見かけることがなくなりました。

5億円の懸賞金すら掲げられた
害虫フィロキセラの蔓延

フィロキセラの被害は、ワインの歴史に深く刻まれることになります。ぶどうの根を食い荒らす害虫の蔓延は、産業の存続が危ぶまれる大きな悲劇でした。

あるフランスのワイン商がぶどう研究のために輸入したアメリカ産ぶどうを植えたところ、次々と樹が枯れてしまいました。アメリカから持ち込んだぶどうの木に天敵の害虫が潜んでいたのです。またたく間にその被害は他の産地へも広がり、ついにはフランス全土を襲いフランスの国益を揺るがす大きな問題に発展してしまいました。

事の重大さに、フランス政府は打開策を見つけた者への、異例の2万フランの懸賞金を提案しました。現在の1億円以上に相当する額です。1868年から71年にかけ、懸賞を目当てに450を超える提案がなされたと言いますが、どれも不採用に終わりました。政府はついには5億円に相当する額へ報酬額を釣り上げましたが、得策は見つかりません。

厄介なのは、フィロキセラは地上でなく地中に寄生するため、殺虫剤で駆除することができなかった点です。結局苦肉の策として、根の部分には台木としてアメリカ系のぶどうの樹を用いて地上の部分にはヨーロッパ系の品種を接ぎ木する方法がとられました。

アメリカのぶどうの樹を台木にすることはワインの味を変えてしまうため、最も避けたい手段だったのですが、他に手の施しようはありませんでした。ワイン生産者たちは泣く泣くアメリカ系ぶどうを地中に埋め、継樹作業にとりかかりました。

再びワイン生産は可能となりましたが、約20年間フィロキセラと戦った多くのワイン関係者たちは廃業に追い込まれてしまいました。

奇跡的にフィロキセラの被害を逃れたぶどうの樹はほんのわずかですが、現在も健在です。

高級シャンパンハウス、ボランジェ社は被害を受けなかったぶどうの樹3000株から「純フランス産DNAのシャンパン」として高価な価格で売り出しています。またフィロキセラ前にフランス系ぶどうの苗木が使われたチリからその株を持ち帰り、再びフランスの畑に植え直している生産者もいます。

ボルドーの最高峰
「シャトー・ムートン・ロートシルト1945年」

さて1890年代にフィロキセラから立ち直ったボルドーは、1899年、1900年と歴史に残る素晴らしいワインを産出しました。

しかし、その後の歩みは決して、順風満帆ではありません。フィロキセラ後、高級品種を使ったワインの大々的なプロモートを行っていた矢先、ヨーロッパで第一次世界大戦が勃発。また大きな輸出先となっていたアメリカで禁酒法が発令され、アメリカへの輸出がストップしてしまい、さらに世界大恐慌によりワインの購買力は著しく減少してしまいました。

大きな痛手を受けた1920年代は皮肉にも稀《まれ》にみる良年とされ、21年、26年、28年、29年など、現在も語り継がれる素晴らしいワインを生産しました。にもかかわらずボルドーのワインビジネスは困難な時期を過ごしました。

1930年代後半には第二次世界大戦に突入し、ボルドーはドイツに占領。その間もワイン醸造は行われていましたが、ドイツの将校や裕福なドイツ市民のために生産するという屈辱を味わうことになりました。シャトーを所有していたロスチャイルド家など多くのユダヤ系オーナーたちは、早々と逃げ出してしまい、見るも無残な荒れ果てたぶどう畑だけが残りました。

そんな暗黒時代を過ごしたボルドーですが、晴れて1945年、終戦を迎えます。

現在ボルドーで最も高価なワインの一つとされるのが、シャトー・ムートン・ロートシルトが生産した終戦の年の1945年産です。

前述したとおり、当時はまだ2級の格付けを受けていたシャトーですが、後世のワイン史に残るレジェンドワインを生産しました。

1945年の終戦を記念してラベルには勝利の象徴、ヴィクトリーのVの字が描かれています。

ブレンドが命となる？　ボルドーワインの品種とＡＯＣ

ワインの街として知られるボルドーは、２００７年「月の港ボルドー」としてユネスコ世界遺産に登録されました。「月の港」とは市内を流れるガロンヌ川が三日月のような形をしていることに由来します。17年には有名ガイドブックの「行くべき世界都市ランキング」でナンバーワンに選ばれています。

ボルドーワインは、質の高さ、名声ともに世界一の座を誇ります。ぶどうの栽培面積約12万ヘクタール、年間7億本以上のワインを生産しています。

ボルドーには60のアペラシオンが存在します。アペラシオンとは「フランスの法律に基づいた原産地」を示す呼称です。

ボルドーのみならずワインは、どこで造られたかがとても重要で、法律で定められた基準を満たしたワインはラベルに産地を表示する義務が課せられました。

AOCとは

AOCは「アペラシオン・オリジン・コントローレ」の頭文字を取りエーオーシーと呼ばれます。フランスの法に定められたワインの原産地を示す呼び名で、ボルドーワインの品質を保つために制定されました。

AOCはワインの産地、使用するぶどうの種類、醸造法、最大収穫量などが厳しく法律で定められています。

その規定を満たしたものだけが正式に産地を名乗ることができます。

赤ワイン・白ワインそれぞれの主な3種類のぶどう品種

ボルドーワインの特徴は、複数のぶどう品種をブレンドしてシャトーの味を表現することです。

赤ワインは主に次の3種類のぶどう品種が使用され、その補助としてマルベック種やプティ・ヴェルドー種が使用されます。

ボルドー赤ワインの主なぶどう品種

●カベルネ・ソーヴィニオン

17世紀、フランスの南西部に赤ぶどうのカベルネ・フラン種と白ぶどうのソーヴィニオン・ブランの偶発的な繁殖が起こり、カベルネ・ソーヴィニオンが生まれました。1996年、ワイン醸造学で有名なカリフォルニア大学デーヴィス校の研究により、この偶発的な交配が証明されています。カベルネ・ソーヴィニオンの特徴は、厚く丈夫な果皮と耐久性のある性質です。ワインに重要なタンニンが豊富に含まれているため、長期熟成型のワインを生み出します。

ボルドーの左岸で造られるワインはカベルネ・ソーヴィニオン主体で色が濃く、アルコール度数は13・5%以上。

タバコのスパイスとカシスやチェリーのようなダークフルーツ、バニラ、ピーマンなど様々な香りやテイストが加わり、複雑で深い味わいです。

●メルロー

メルローとはフランス語で「小さな黒い鳥」という意味を持ちます。

その味合いは柔らかく、熟すとエレガントさが引き立ち、上品な味わいを醸し出します。このぶどう品種が初めて使用されたのは1700

ボルドーは右岸と左岸に分かれる

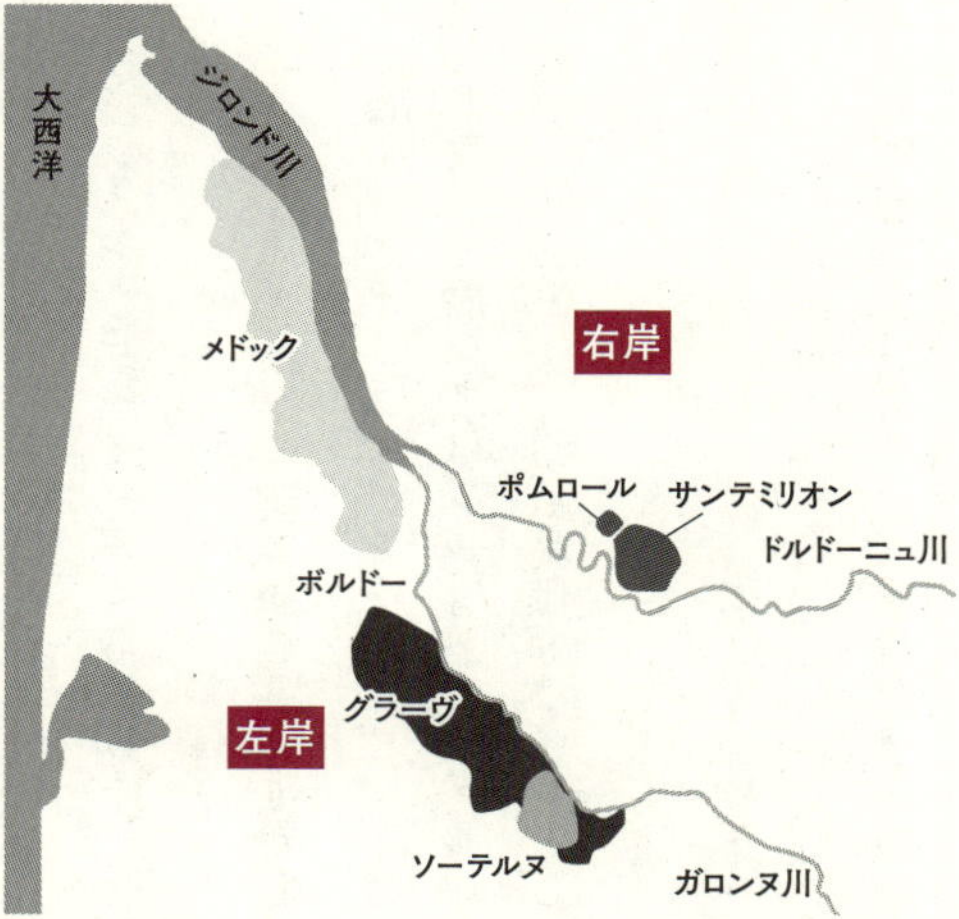

年代後半、ボルドーのある醸造家が初めて使用し、メルローと名付けました。ボルドー地方で栽培面積が最も多いぶどう品種で、早く収穫期を迎えます。

メルローはカベルネ・ソーヴィニオンとブレンドすることで相乗効果を生み、深い味わいと果実味の風味が醸し出され、カベルネ・ソーヴィニオンとは相性抜群のブレンドだと言われます。右岸ではブレンドせずメルロー種だけを使用したワインが生産され、ボルドーで最も高価なワインとして存在します。

●カベルネ・フラン

冷涼な気候でも育ちやすく悪天候の影響も受けにくく、成長が早いのが特徴です。

味わいが軽く、イチゴやラズベリーなどベリー系の果実味と爽やかさ、繊細さに加え、様々な香りを与えます。

もともと17世紀初頭、ロワールで生まれたと考えられています。

主にブレンド用に使用されますが、ボルドーの右岸ではカベルネ・フラン主体で造るシャトーも存在します。醸造によってはしっかりした骨格を持ち、力強いフルボディーのワインを造り出すポテンシャルを秘めています。

ボルドー白ワインの主なぶどう品種

●ソーヴィニオン・ブラン

酸とミネラル感が強く爽やかな風味が特徴です。産地によっては甘口ワインに使用されることもありますが、基本的に辛口白ワインに使用される品種です。

柑橘系と若草のアロマを備えています。

●セミヨン

繊細な味わいで糖度が高く主に甘口ワインに使用されます。セミヨンは皮が薄いため貴腐菌が付きやすく世界最高峰の貴腐ワインを産出するボルドーのソーテルヌ地区で主に栽培されます。辛口白ワインの場合は補助的にブレンドされ、まろやかさとドライフルーツの香りをもたらします。

●ミュスカデル

単一品種でワインが造られることは少なく、甘口と辛口の両方の白ワインの補助品種として使用されます。ミュスカデルは蜂蜜のような甘い香りやすみれやジャスミンのようなアロマも広がります。果皮が薄く貴腐ワインの品種としても使用されます。

ブルゴーニュ地方のワイン

Bourgogne

ボルドーと並ぶ高級ワインの代名詞ブルゴーニュ。
ブレンドを認めず、単一ぶどうから造られるため、
年ごとの味わいが異なるのも楽しみのひとつです。
かの有名なロマネコンティをはじめ、
繊細でエレガントなワインが多数存在します。

ボルドーは貴族、ブルゴーニュは修道士がワイン造りを先導した

カエサル率いるローマ軍が戦った「ガリア戦争」は、紀元前52年、アレシアでの勝利により7年続いた長い戦いの終結を迎えました。最後の戦場となったアレシアは現在のブルゴーニュ地方に当たり、今も古代ローマの影響が色濃く残っています。

フランス中央部より少し東に位置するブルゴーニュ地方は、冷涼な大陸性気候で朝晩の気温差が激しく、ぶどう栽培に適した気候条件を兼ね備えています。なかでも日当たりがよいソーヌ川の西岸は「黄金の丘」(コート・ドール)と呼ばれます。丘一面に広がるぶどう畑の樹々は収穫後、緑色から黄色く変わり、あたり一面、黄金に輝く様子を表しています。この地方は赤ワイン、白ワインとも高品質なワインの産地として有名です。

ブルゴーニュも、ボルドーと並び世界最高峰のワインを産出する銘醸地ですが、それぞれ異なる歴史を歩んできました。

貿易で財をなし経済的に繁栄していたボルドーは、王侯貴族がワイン業を営み、広大な畑ときらびやかなシャトーが立ち並びます。一方ブルゴーニュは、アレシアの戦いが終わり、古代ローマ人によりワイン造りが伝えられ、紀元前8世紀頃からローマカトリック教会の僧侶や修道院により、ぶどう栽培とワイン造りが継承されました。

ブルゴーニュのぶどう畑はベネディクト会やシトー会などの修道院が所有し、その組織は次第に大きな影響力を持つようになりました。

現在、広大な畑が広がるヴージョ村は、1098年に設立されたシトー派の修道院が所有していました。修道士たちは畑を開拓し、1336年、高い石垣で囲んだ特級畑「クロ・ド・ヴージョ」を完成させ、この畑は、ヴージョ村の面積の大半を占め、現在も高級なワイン畑として有名です。

「石垣で囲われた畑」という意味の「クロ」は、修道院が所有していた畑名によく使用されました。所有畑の境界線を石垣で明確にしたためです。

14世紀、ローマ法王の居住地がアヴィニョンへ移ると、ブルゴーニュワインはアヴィニョンに向けての販売が活発になりました。初代アヴィニョン教皇のクレメンス5世が大のブルゴーニュワイン好きだったことからブルゴーニュワインの評価が高まり、最も入手困難なワインとして評判になりました。

なぜブルゴーニュは生産年によって味が大きく違うのか

18世紀に入るとフランスの道路が整備され、パリ・ベルサイユとボーヌ間の道路も滑らかになります。これによって、樽を積んだ馬車での移動が容易になり、地理的にパリやベルサイユに近いブルゴーニュワインは大きな市場に向け販売を強化しました。ブルゴーニュワインは政治的に利用されるなど価値が高まり、次第にブルゴーニュにかかわる聖職者たちはますます権力と富を手に入れ、大きな影響力を持つようになりました。

1789年、フランス革命が勃発すると、旧社会体制が崩壊して貴族や聖職者の所有物は没収されてしまいました。もちろんぶどう畑も醸造所も取り上げられ、修道院が所有していた銘醸畑も農民たちに分け与えられました。

ボルドーでは断頭台を免れた貴族やブルジョアジーがシャトーやぶどう畑を買い上げ、ブルゴーニュではぶどう畑は細分化され、農民たちが管理することとなりました。現在ブルゴーニュで、一つの畑を様々な生産者が所有しているのはその名残です。

同じ畑から収穫されたぶどうでも、造り手や醸造法によって味わいは大きく異なります。

ぶどうのブレンドで味の調整ができるボルドーと違い、一切ブレンドが認められていないブルゴーニュではその年のぶどうの出来と醸造技術がそのまま味に影響します。

ボジョレー・ヌーボーを生んだ14世紀のフィリップ王の一言

ブルゴーニュ地方の南、フランス第2の都市リヨンの北に広がるボジョレーは南北55キロメートル、東西15キロメートルの丘陵地に位置し、ここで約4000人の生産者がボジョレーの代名詞であるガメイ種を栽培しています。

その歴史は14世紀まで遡ります。ガメイは育ちやすいぶどうで大量生産ができるため、当時はとても重宝された品種でした。味わいは軽めで酸味が強くラベンダー、ざくろ、ブラックベリー、クランベリーの香りに、ローレルなどの風味が加わり、どんな料理とも相性がよい万能なワインに仕上がります。

対照的に同じブルゴーニュで栽培されるピノ・ノワールは繊細かつエレガントな味わいで、王の食卓に並ぶ特別なワインと評されました。ブルゴーニュ公国フィリップ王の食卓にも毎晩ピノ・ノワールが運ばれ、王はご満悦でした。

あるとき王の側近は「ガメイ種のワインは苦味がありブルゴーニュワインのイメージダウンになりますぞ」と耳打ちしたのです。その助言に促され1395年フィリップ王はピノ・ノワールを支持する法令を発令しました。「ピノ・ノワールはブルゴーニュの一等地で栽培してよいが、ガメイはそれ以外で栽培すること」と命じ、ガメイ種は南のボジョレー地区へ追いやられてしまいました。ピノ・ノワールが栽培されるブルゴーニュの一等地ボーヌ、ディジョン、シャロンは品種、収穫量、栽培方法に基づいたワイン産地として確立されこれがのちに原産地呼称統制（産地名を名乗るために品種、収穫量、醸造法などの品質規格基準をクリアする必要がある）のコンセプトとなります。

後に法令の効力は弱まりガメイ種も中心地で栽培可能となりますが、依然〝ピノ・ノワール種ファースト〟は続いたようです。

さてフィリップ王はある日ワインを口にしながらこんなことを呟きました。「確かにガメイのワインは苦味が強い、若いうちは甘みがあるのだが……」。この一言がのちにボジョレー・ヌーボーの発想に結びついたと言われます。

マルセル・ラピエール
ル・ボジョレー

偉大なる亡き父マルセルの後を継いだ長男のマチューが栽培醸造を手掛ける。「自然派ワインの原点」と呼ぶにふさわしく優しく、純粋な味わい。1981年から化学的なものを一切使用せず健全で質の高いぶどうを育て、ベリー、イチゴ、チェリーなど果実味が最大限引出されている。ガメイ種のイメージをいい意味で覆した話題のワイン。参考価格4,800円（税別）。

19世紀、ボジョレー産地では毎年収穫後の重労働を労い、また十分なぶどうが実ったことに感謝を込めてできたばかりの若いワインでお祝いをしていました。収穫はぶどうを傷つけないように手摘みで行います。現在も手作業で行われますが、非常に過酷な労働です。労働者たちは収穫後のご褒美で飲む甘くてフレッシュな新酒を毎年楽しみにしていました。

1935年、フランスにAOC（原産地呼称統制）の制度が設けられると認定された55カ所の産地は新酒ワインの生産・販売が許可されました。37年、ボジョレーもAOCとして認められ、AOCの規則により12月15日以降であれば正式に新酒ワインの販売が許されることになりました。

早飲みに適していたガメイはフレッシュではじけるような果実味と香りたつアロマが評判を呼び、おしゃれなパリジェンヌの間で人気が高まりました。その人気に便乗して51年、新しく命名した「ボジョレー・ヌーボー」の解禁日が定められます。当初の規則よりも1カ月前倒しの11月15日です。

当初の解禁日は家族や友人が集うだけの日でしたが、次第に一大行事となり過激なお祭り騒ぎと化していきました。

解禁の瞬間に最初のボトルをボジョレーからパリへ届けるカーレースが開催されると、ボジョレー・ヌーボーの第一人者ジョルジュ・デュブッフは「Le Beaujolais Nouveau est arrivé!」（ボジョレー・ヌーボーが到着！）と書かれた横断幕を掲げ祝賀行事を宣伝しました。年々メディアの注目が高まっていきます。

70年代、地元ではヌーボーの発売を記念して120以上のパーティーやフェスティバルが企画されました。なかでも有名なLes Samentelles（ラ・サメンテス）はボジョレーの街で5日間にわたるフェスティバルを開催します。ライブ、ダンス、パレードに加え参加者が自分の体重と同じ量のヌーボーを飲むコンテストまで用意されました。発売日には花火を打ち上げ、盛大にヌーボーワインの発売を祝います。もちろんイベントは早朝まで続き、大量のワインが飲み干されます。

こうしてヌーボーのイベントはますます白熱していきました。解禁日、最初のボトルを抱えたソムリエはタキシードに身を包み、パリの街にパラシュートで降下し、エッフェル塔の下でグラスを手にするお客さんにサーブしました。デュブッフ氏自身はパリからコンコルドに乗って解禁日最初のボトルを届けたり、またバブル全盛期の日本ではヌーボーの解禁日が世界で一番早く訪れるとあり、専用機でヌーボーが空港に到着するライブ映像を流しました。空港に行っていち早く飲む人まで現れたほどです。私もライブで流れる映像を鮮明に記憶しています。毎年１００万ケースがフランスから各国へ送られ、祝賀行事が終了するまでに６５００万本を超えるボトルが消費されました。

1985年、それまで11月15日とされていた解禁日を11月の第3木曜日0時1分（現地時間）に変更しました。解禁日が週末に近い木曜日ならパーティー好きにとって好都合だと茶化されますが、この変更はマーケティング的に大成功しました。大きな輸出先であるアメリカは七面鳥を食べる感謝祭（毎年11月第4木曜日）のちょうど1週間前に当たります。ボジョレー・ヌーボーと七面鳥は最高のマリアージュだと宣伝し、毎年感謝祭で消費される4600万羽の七面鳥とともにヌーボーも大量に消費されました。全盛期、アメリカのある店舗では118万5000本が売れたと言います。英国でも1999年のヌーボーの消費は約74万本でピークに達しました。

一世風靡の時代を経て新しい製法のヌーボーも登場

しかし、その後の売り上げは低迷してしまいます。アメリカでも徐々にヌーボー解禁に沸いた日々は過ぎてしまいました。価格と品質が合わない、コスパが悪い、味が甘すぎるなどのネガティブな感想が聞かれ始め、行きすぎたマスコミの過熱報道は一気に冷めてしまいます。

もともとボジョレー・ヌーボーは品質を語りあうワインではなく、生産者や労働者たちが、ぶどうが十分実って無事に収穫が終了したことに感謝して祝うためのものでした。その意図を引き継ぎ、彼らの労働を労いワインを囲んで楽しむのが目的です。

ワイン評論家のカレン・マクニールは「ヌーボーを飲むと焼く前のクッキーの生地を食べたような馬鹿げた喜びを感じる」とコメントしました。これに対しロバート・パーカーJr氏は「馬鹿げたコメントだ。当たり年のヌーボーは美味しく、元気で、活気があり、新鮮で、生き生きとしたフルーティーな味だ」と返しました。また醸造学者のジュリアン・ゴベールは、ヌーボーはワインではないというアンチたちに対して「ヌーボーは本格的なワインだ。収穫から数カ月で出荷することは簡単なことではない。素晴らしい挑戦だ」などと評論家たちの間でも意見が別れました。

トレンドには浮き沈みがあると言いますが、一世を風靡したボジョレー・ヌーボーも半世紀の間に様々な浮き沈みがありました。ぶどうの不作、日本のバブル崩壊、米国のヌーボー離れなど……しかし歴史ある産物は確実に次の世代に受け継がれていきます。ボジョレー・ヌーボーの生産者たちは後述する「ギャング」たち（P293）に感化され、それまでの画一的な手法ではなく自然派のスタイルを模索しながら新しい醸造法に挑戦しています。また、観光客を産地に誘い、レクチャー、テイスティング、ワイナリー訪問などを企画してオープンな場を設け新規顧客獲得や市場の開拓に努めています。

現在、ヌーボー用に栽培するぶどう畑の面積はボジョレー地区全体の4分の1を占め、そのうち日本、米国を中心に400万本以上を輸出しています。

総体的に昨今のワイン愛飲者は軽くフレッシュで酸味があり食事に合うワインを好むようになりました。まさにヌーボーが本来持つ味わいそのものです。ヌーボーは時代とともにその味も祝うスタイルも変わってきましたが、いつの時代もこの日は世界共通の祝い事です。ワイン好きだけでなく一般の人々へも「ボジョレー・ヌーボーの解禁日」は浸透しました。

かく言う私も以前はヌーボーを祝わない派だったのですが、今は改めてワイン造りを担う人々を労い、世界中に「ボジョレー・ヌーボー」を広めた素晴らしい功績をたたえ、祝いたいと思います。

ワイン基礎教養

カギになるのはテロワール（土地）？

ブルゴーニュワインの品種と格付け

ブルゴーニュワインはぶどうをブレンドせず、単一品種で醸造します。

ブルゴーニュでは4つのぶどう品種が栽培されています。赤の品種はピノ・ノワールとガメイ、白の品種はシャルドネとアリゴテです。なかでもピノ・ノワールとシャルドネは主要品種として使用されます。

ピノ・ノワールも、シャルドネも、土壌や気候などにより様々なスタイルを造る品種です。豊かなテロワールをワインの中に表現するのが、ブルゴーニュワインの特徴です。

●ピノ・ノワール

ピノ・ノワールとは、直訳すると「黒い松ぼっくり」という意味で、小さなぶどうの房がまるで松ぼっくりのように見えたことから命名されました。とても古い品種でブルゴーニュで生産される品種（シャルドネ、アリゴテ、ガメイ）の原型と言われます。

ピノ・ノワールは世界各地の冷涼な気候で栽培され、軽めのワインから世界最高峰の赤ワイン「ロマネコンティ」まで様々なワインを造ります。長期熟成を可能にするタンニンが豊富に含まれますが若いうちはチェリーやラズベリー、ストロベリーのような果実味で、熟成を重ねるとスパイスのアロマが加わるのが特徴です。ピノ・ノワールの果汁は無色透明で、発酵中に果皮の色素が抽出されることで赤ワインに仕上がります。

シャンパーニュやイタリアのフランチャコルタでは、白のスパークリングワインにも使用されています。

●シャルドネ

世界各地の冷涼な気候で栽培される品種です。酸味がはっきりし、クリーミーな味わいに仕上がります。

ブルゴーニュではフルボディーでフルーツのアロマが香り高く、ミネラルも豊富に含みます。

シャンパンでは主要品種として使用されます。

世界最高峰の白ワイン「モンラッシェ」はシャルドネが使用されます。

ブルゴーニュのワインは畑や土地の名前がワインの名称として使われるため、テロワールの概念が重要です。

ブルゴーニュでは畑の単位を「クリマ」と言います。

「ブルゴーニュのクリマ」は2015年にユネスコ世界遺産に登録されました。ぶどう畑が世界遺産として認められたのはブルゴーニュが初めてです。ブルゴーニュ地方の北部ディジョンから南部のマランジュまで広がる美しい風景や畑を開墾する、長年の技術やノウハウが認められました。

ワインの格付けについて

ボルドーはシャトーにより、アルザスはぶどう品種により格付けがなされますが、ブルゴーニュは畑で格付けが行われました。

ブルゴーニュは土壌、畑、土地、「テロワール＝クリマ」がとても大切で、その特徴を最大限表現することが重要です。

ぶどうのブレンドが認められていないのもこのためです。

ぶどう畑はそれぞれの名前を持ち、歴史があり何世紀もかけて細かく整備されテロワールの個性を引き出す栽培方法やノウハウが受け継がれてきました。

ブルゴーニュの産地は大きく6つの地区に分割されます。北から南まで約300キロにわたり広がります。北からシャブリ、コート・ド・ニュイ、コート・ド・ボーヌ、コート・シャロネーズ、マコネ、ボジョレー。なかでも特にコート・ド・ボーヌと呼ばれる地区は高級な白ワインを、コート・ド・ニュイは高級な赤ワインを産出します。

ブルゴーニュの主な産地

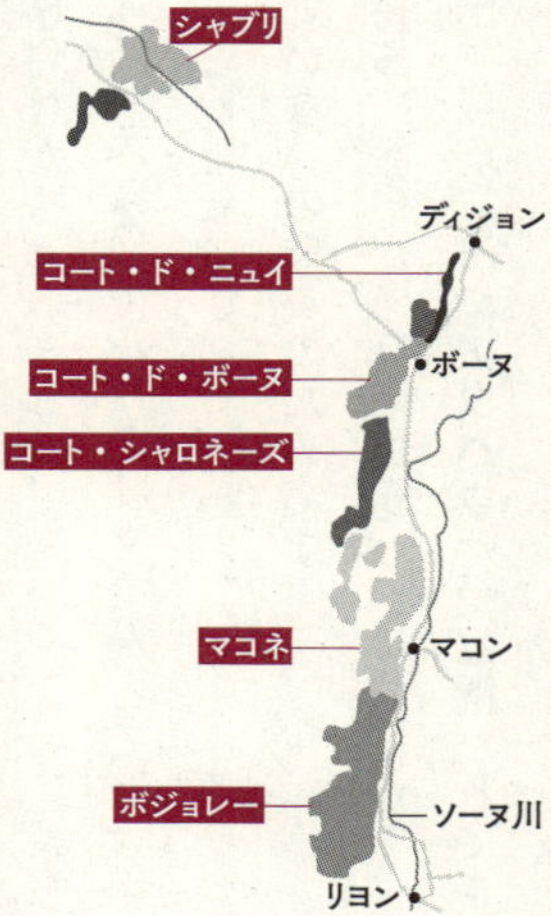

ブルゴーニュの格付けはどう行われているか?

●地方名ワイン
ブルゴーニュ全域のぶどう畑が対象で、ボトルに「ブルゴーニュ」と記載されています。
例：発泡酒の「クレマン・ド・ブルゴーニュ」、白ワインの「ブルゴーニュ・アリゴテ」等

●村名アペラシオン
44の村が格付けされています。ラベルにはぶどうが栽培された村の名前が記載されます。
例：「ボーヌ」「サヴィニー・レ・ボーヌ」

●プルミエクリュ（1級）
村名アペラシオンの中にクリマと呼ばれる畑、区画が存在します。たと

えばボーヌでは43のクリマがプルミエクリュに格付けされています。ラベルに「プルミエクリュ」と書かれているものは100％プルミエクリュの畑から収穫したぶどうを使用しなければいけません。

●グランクリュ（特級）

「特級畑」のことでラベルにはその畑名だけを表示します。グランクリュの場合も100％グランクリュから収穫されたぶどうを使用しなければいけません。それ以外にも細かい醸造の規則が制定されています。

ヴォーヌ・ロマネやジュヴレ・シャンベルタンにはたくさんの特級畑が存在します。とはいえ、ブルゴーニュで生産されるワインのわずか1・4％にすぎません。

そのため生産量が限られ、世界の中でもほんの限られた人たちだけが手にすることができます。

Chapter

4

スペイン・ドイツ

～オリジナリティを愉しむ

スペインのワイン

Spain

世界第1位のぶどう栽培面積を誇るスペイン。
テンプラニーリョ種の赤ワインや、
カヴァ、シェリーなどが有名です。
大航海時代には、
ワインを世界に広める大きな役割も果たしました。

フランス、イタリアに並ぶ世界有数のワイン産地

スペインはフランスやイタリアと並ぶ、世界有数のワイン大国の一つです。

その歴史は古く、紀元前1100年、ぶどう栽培やワイン醸造の知識を持つフェニキア人により伝えられました。スペインの南西部カディスにワインの交易所が設立されると、地中海沿岸やバビロニアとのワイン貿易が始まります。

ワイン造りが本格化したのは、イベリア半島にローマ帝国が設立された時。ローマ人は濃厚な味わいのスペインワインを好み、ローマ帝国全土に流通が広まりました。この地はローマ人により「ヒスパニア」と名付けられ、スペインワインの歴史と文化が始まりました。

当時の主な栽培地域であるバルセロナ近郊やアンダルシアはワイン貿易で栄えますが、アルコールを禁ずるイスラム教徒の侵攻によりぶどう畑が荒らされ

ぶどう栽培の継続が危ぶまれました。

しかし、貿易で高利益を生む輸出品のワインはイスラム教徒たちも無下《むげ》にはできず、信仰よりも利益を優先し、ワインの生産量を増やしました。

イスラム教徒の支配下にあったスペインですが、徐々にキリスト教徒の勢力が拡大し、ついにはキリスト教の王国が誕生することになります。次々と教会や修道院が建てられると、聖地を訪れる巡礼者が増え、スペインはますますワイン造りが盛んになりました。

1500年代、大航海時代が到来すると、キリスト教の宣教師たちは布教活動のためぶどうの苗を持って世界各国へ訪れました。布教の地では教会や修道院を建て、ぶどう畑もつくりました。

現在、世界中でワインが親しまれているのは、当時、布教のため海を越えて各大陸へ訪れたスペインやポルトガルの宣教師たちの苦労と信仰の賜物です。

19世紀後半、フランスに多大な被害をもたらしたフィロキセラ（P167～参照）はスペインにも飛び火しました。被害を免れたスペイン北部のリオハの生産者は、ワインの生産が止まったフランスを中心に大幅に輸出を増加させました。高度なワイン醸造技術を持ったフランスの生産者が移り住むようになり、リオハのワイン醸造は大きく飛躍しました。

スペインは国土のほぼ全土でワインが造られ、現在ぶどうの栽培面積は世界1位、生産量は世界第3位を誇ります。

スペインの17の自治州がそれぞれ様々なテロワールを形成し、各地の土壌や気候を生かした多種多様な個性あるワインが生み出され

スペインの主なワイン産地

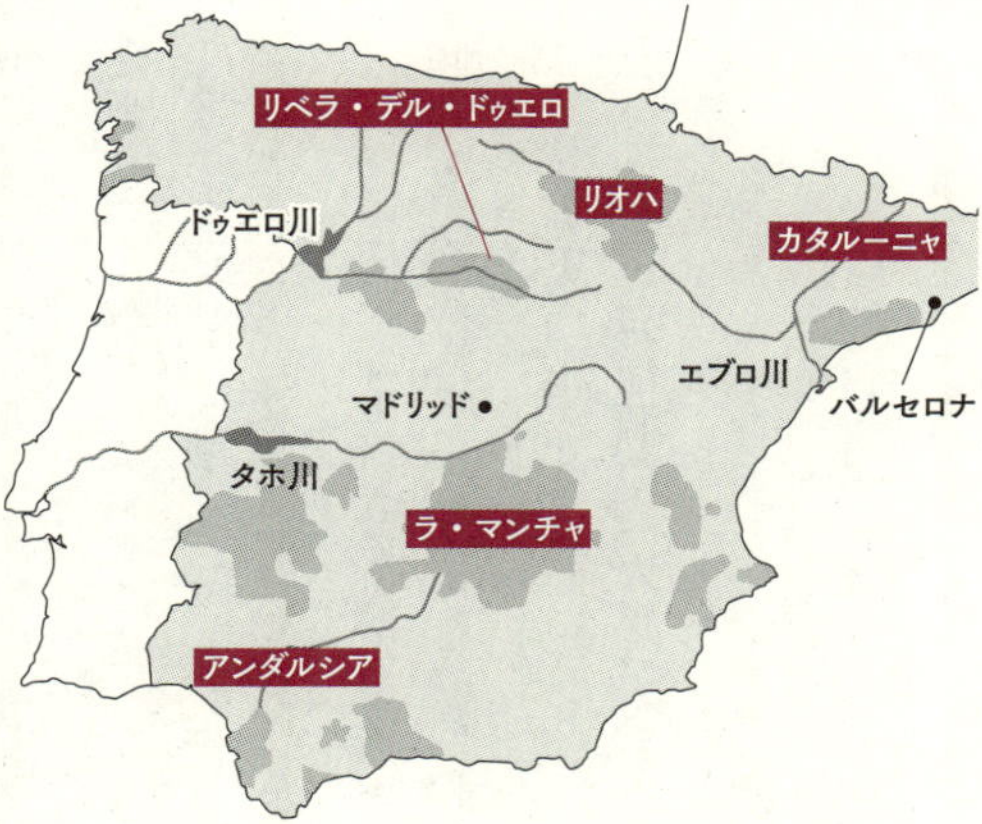

ます。バラエティー豊かなスタイルもスペインワインの特徴です。

スペインの中央部に広がる「メセタ」と呼ばれる乾燥した高原から、いくつもの主要な川が流れ、その流域にワイン生産地が存在します。

スペイン東部から地中海へ流れるエブロ川流域は、リオハとカタルーニャ、ドゥエロ川はリベラ・デル・ドゥエロ、メセタの南東部を流れるタホ川流域にはラ・マンチャ、そしてシェリーの主産地であるアンダルシアが広がります。

特にスペインワインを代表するものは、土着品種を使用した「テンプラニーリョ種」の赤ワイン、最近品質の向上が目覚ましい発泡酒の「カヴァ」、古い歴史を持つ酒精強化ワイン「シェリー」です。

「早熟」という名の赤ワイン品種テンプラニーリョ

北方から持ち込まれた品種のため、成熟が早く「早熟」と名付けられたテンプラニーリョはスペインを代表する赤ワイン品種です。

原産はリオハ・ナバーラ地方で、この産地はフィロキセラで供給が止まったフランス産ワインに代わり輸出を伸ばし、ワインの醸造技術を向上させた産地です。1925年にはスペインで初めてDO（原産地呼称）が与えられ、1991年、長期の実績が認められ、ワイン生産地の上位カテゴリーであるDOCaへ昇格しました（P215参照）。

南北に走るカンタブリア山脈により乾燥から守られ理想的な環境が整い、畑の約9割の面積に、土着品種のテンプラニーリョが栽培されています。

スペイン中央部を流れるドゥエロ川流域にある「ドゥエロ川の河岸」という意味の産地「リベラ・デル・ドゥエロ」も、テンプラニーリョ種が広く使用されています。

広大な高原メセタの上にあるため、夏は40度を超える暑さと乾燥を、冬はマイナス20度の厳しい寒さをもたらしますが、山脈の影響で適度な雨量と豊富な日射量が確保され、ぶどう栽培には理想的な環境です。

「スペインのシャンパン」からカヴァができるまで

カタルーニャはスペインの北東部、地中海沿岸に位置し、古代からワインの醸造で栄えた地域でしたが現在は発泡酒カヴァの発祥の地として有名です。

カヴァの誕生は1860年代。シャンパーニュ地方を訪れたラベントスは、シャンパンの味、醸造法、全てに衝撃を受け、スペインへ戻りました。試行錯誤の末、1872年「スペインのシャンパン」と名付けた発泡性ワインの販売を開始、爆発的な売り上げを記録しました。

第二次世界大戦後、「スペインのシャンパン」は海外進出を図り、アメリカやヨーロッパ各国へ輸出を開始します。ところが「スペインのシャンパン」という名称にフランスから抗議が入ってしまいました。名前の変更を余儀なくされた末、「スペインのシャンパン」は暗い地下で熟成していたことから「洞窟」という意味の「カヴァ」と命名し、再出発します。ラベントスに続けと多くの生産者がカヴァの生産に乗り出しました。本来のカヴァの製法は、フランスのシャンパンと同じく瓶内二次発酵方式を用いていますが、カヴァと名乗るための製法の規制や制限が法的に設定されておらず、生産者はそれぞれの製法で泡を立て、「カヴァ」として販売をしていました。

現在の製法に定められたのは1991年です。シャンパンと同じ製法のものだけが「カヴァ」と名乗れるようになりました。

**カヴァ ヴィラルナウ
ブリュット・レセルバ
オーガニック**

様々な受賞歴を誇る「ヴィラルナウ」。オーガニック認証を持ちシャンパンと同じ製法の瓶内二次発酵で15カ月以上熟成。柑橘系のアロマが印象的。口あたりはシルキーでクリーミー。海外では最も人気のあるカヴァとして常に名が挙げられる。参考価格1,848円（税込）。

208

味噌や醤油との相性がよい、最高級のカヴァ

2015年カヴァの最高峰となる新カテゴリー「カヴァ・デ・パラヘ・カリフィカード」が登場しました。

「要件を満たした」という意味を持つ、「パラヘ・カリフィカード」とは選ばれた畑のぶどうのみで造られた特別なカヴァという事です。

通常最低9カ月の熟成が定められたカヴァに比べ、36カ月もの熟成が義務化、収穫は全て手摘み、1ヘクタールの収穫量も制限されています。全ての要件を満たしたうえ、最終テストのテイスティングに合格する必要があります。

厳しい審査に通過したものだけがカヴァ最高峰の名誉を手にします。非常に希少性も高く価値のあるカヴァとなり、世界中の愛好家が販売を待ち望んでいますが、まだ名誉を手にした生産者は多くありません。

世界的に有名なソムリエ兼アロマの専門家、フランソワ・シャルティエ氏による研究の結果、最高峰の「カヴァ・デ・パラへ・カリフィカード」は旨味の強いアジア料理やスパイシーなインド料理との組み合わせがよいと科学的に判断されました。特に味噌や醤油など発酵食品との相性は抜群だそうです。

少々お値段ははりますが、ぜひ味噌や醤油と合う最高峰のカヴァを飲んでみたいと思います。

シェリーは大航海時代の長期保存需要から生まれた

シェリーは、「3000年の歴史を持つワイン」と呼ばれます。

イベリア半島の最南端アンダルシア地方のヘレス・デ・ラ・フロンテラ、略してヘレスという街を中心にシェリーの醸造が行われています。この地は夏は気温が高く乾燥しますが、大西洋に近いため夜には湿気が増し、ぶどうの栽培に適した環境です。

ヘレスの一面の丘や高原は、石灰質の眩いばかりの白い土壌が広がります。ヘレスの石灰質の土壌は「アルバリサ」と呼ばれ、カルシウムと粘土、プランクトンや貝殻からなる二酸化ケイ素を含んでいます。アルバリサは雨の季節はスポンジのように水を吸収し、夏の暑い日が訪れると土壌の表面のアルバリサが固まり、土壌の水分の蒸発を防ぎます。また暑さから植物を守る性質を持ち、耕しやすく水分を保持する力が強いことから、ぶどうは地中深く根を張り、養分を吸い取ってエキスたっぷりに育ちます。

ぶどうの品種はパロミノ、ペドロ・ヒメネス、モスカテルの使用が法律で定められています。

ヘレス近郊の町は大西洋に面し流通が容易だったため、古代からフェニキア人が定住し、ぶどう栽培が行われていた土地でした。

ローマとの交易が盛んになり、特にヘレスのワインの評判は国境を超え、ローマ帝国の多くの地域で大評判となりました。ヘレスワインを示す印が付けられたアンフォラ（ワインを入れていた両手の取っ手がついた壺）が大量に発見され、その流通量が明らかになりました。

ヨーロッパで人気だったヘレスワインでしたが、世界への扉が開かれたのは、大航海時代のアメリカ大陸発見により新たな市場が開かれた時でした。高い糖度や高いアルコール度数を持つヘレス産ワインは、酸化しにくく日持ちすることで船の航海に重宝されました。人類史上初めて地球を一周したマゼラン隊は、ヘレス産ワインを４１７袋と２５３樽積み込み、大航海の旅に出航しています。ヘレス産ワインは、歴史上初めて世界一周したワインとなりました。

大航海時代には、赤道通過の際、直射日光を浴びワインの劣化が進んでしまいます。ヘレスのワインは長旅に耐えうるワインでしたがさらにブランデーなど強いお酒を添加して、アルコール度数を上げ劣化や酸化を防ぎました。こうして生まれたのが「シェリー」です。

「ソレラ・システム」と呼ばれるシェリーの醸造・熟成方法をお伝えします。

まず辛口ワインを樽の7分目まで注ぎ酸素と触れさせます（通常はワインを樽いっぱいに入れ酸素と触れないようにします）。

するとワインの酵母が液面に白い膜のフロール（スペイン語で「花」という意味）を張り、酸素からワインを守り、また独特な風味と味わいをもたらします。澱を取り除きブランデーを足しアルコール度数を15％以上に上げます。

ワインを入れた樽を3～4段積みかさね、上の段から順に新しい樽を、一番下は一番古いワインの樽を並べます。瓶詰めは、下の段からワインを3分の2以上残すようにして行います。

瓶詰めされた量だけすぐ上の樽から補充し、出荷するワインの品質を常に一定にしています。

シェリーは辛口から甘口まで様々な種類があり、ヨーロッパでは食前酒としても、デザートがわりの食後酒としても親しまれています。

シェリーやヘレス産ワインは、文学作品に多く登場します。実生活でも大のヘレスワイン好きだったウィリアム・シェイクスピアの作品『ヘンリー四世』

の中では、なんと40回以上もシェリーが登場しています。

ワイン基礎教養

「DO」「V・C」って何？ スペインワインの分類

ワイン規制が行われたのは18世紀のこと。大航海時代の幕開けとともに世界的に知名度と人気が高まったスペインワインの品質を明確にし、保持する目的で交付されました。

様々な改正が行われた後、現在は2009年のEUワイン法に伴い、新たな原産地呼称が定められました。

テーブルワインの3つの分類

格付けの底辺に当たるのが「テーブルワイン」のカテゴリーで以下3つです。

●ビノ・デ・メサ

地域やぶどう品種の規制はなく異なる地方のワインをブレンドして造ることができます。産地、品種、収穫年のラベル表示は認められておらず、スペインワインの大半を占めます。

●ビニェードス・デ・エスパーニャ

「スペインのぶどう畑」という意味。安価な輸入ワインとスペインワインを区別するために2006年に制定されました。

●ビノ・デ・ラ・ティエラ

定められた地域で生産されたぶどうを60％以上使用します。

保護原産地呼称制度（略してDOP）

品種や産地の厳しい条件を満たした上質ワインに与えられるカテゴリー

です。このDOPの中で、さらに4つのランクに分けられます。
格付けの下段から紹介します。

●Vino de Calidad con Indicacion Geográfica　略して「V・C」
地域表示の高品質ワイン。特定の地域内で収穫されたぶどうを使用。5年以上実績を積んだ生産地はDOワインへの昇格申請が可能です。

●Denominacion de Origen　略して「DO」
原産地呼称ワイン。特定の地域内で栽培された認可品種を使用し、その他厳しい基準に基づき生産されたワインです。

●Denominacion de Origen Calificada　略して「DOCa」
特選原産地呼称ワイン。DO産ワインの中から厳しい基準で昇格が認められた高品質ワイン。現在はリオハとプリオラートのみ存在します。

●Vino de Pago　略して「VP」

単一ぶどう畑限定高級ワイン。格付けのトップにランクされます。限定された単一畑で栽培されたぶどうを使用し、単一の醸造所で生産、瓶詰めが行われたワインのみに与えられます。

ドイツのワイン

Germany

ドイツといえば白ワイン、
なかでもリースリングの生産量は世界一です。
ドイツのワイン醸造の歴史は古く、
かの有名なグーテンベルクの印刷技術の発明も、
ぶどうの圧搾機から生まれたと言われています。

白ぶどうリースリングの世界一の産出国

ドイツで生産されるワインはその約80%が白ワインです。ドイツを代表する白ぶどうのリースリングはドイツのワイン産業を支える主力品種で、世界最大の生産量と栽培面積を誇ります。2位のアメリカや3位のオーストラリアを大きく引き離し、世界のリースリングの4分の1がドイツで生産されています。

甘口から辛口、そしてスパークリングまで、それぞれのテロワールを生かした様々なスタイルが造られ、爽やかな酸味やエレガントな果実味を醸し出しています。

ドイツには長いワイン造りの歴史があります。紀元前、ギリシャ人とエトルリア人からぶどう栽培を習ったローマ人は、ドイツのモーゼルとライン川沿いにぶどうの苗を植えました。

ドイツ最古のワインの生産地域モーゼルには、ドイツ最古の都市トリーアが存在します。トリーアは西ローマ帝国の拠点となり、「第二のローマ」として、またワイン醸造の中心地として栄えていきました。トリーアからぶどうの搾り機など古い機具も発見され、ドイツワイン発祥の地としても有名です。

西暦330年にはすでにワインセラーが造られ、川幅の広いライン川を流通する大型のワイン運搬船も造られていました。

ドイツでワイン造りが本格化したのは、キリスト教の普及とともに修道院でぶどう栽培が始まった西暦800年前後です。帝国王政のロルシュ修道院では、約900のぶどう畑を所有していたと言われます。

やがてドイツはリースリングの主要国となりますが、その背景となったエピソードが残っています。大のワイン好きで知られるフランク王国のカール大帝は、冬の寒いある日、自身の宮殿からライン川を眺めていました。すると、真っ白な雪で覆われたライン川の斜面の一部だけ雪が溶けていることに気づきました。その様子から「他の地に比べ、その斜面は日射量が多くぶどう栽培に適している」と判断したカール大帝は、そのあたり一面にリースリングのぶどうを植えるよう指示したのです。カール大帝の判断力と先見の明により、ドイツはたくさんのぶどうが植えられ、世界一のリースリング産出国となりました。またワインと食事を提供するワインバーのコンセプトを思いつき、世界初のワインバーをオープンしたのもカール大帝です。

こうしてドイツはリースリングの世界一の生産量と栽培面積を誇る大国となりました。初めて「リースリング」という名が確認されたのは1435年3月13日のことです。ジョン4世伯爵が「リースリング種」と綴った目録が発見され、ドイツでは3月13日を「リースリングの日」と定めました。

ぶどうの糖度で分類される、ドイツワインの6つのランク

ドイツは他の国と異なり、収穫時のぶどうの糖度に基づいて6つのランクに

分類されるのが特徴です。

等級が付いたワインは「肩書付きのワイン」という意味で「プレディカーツヴァイン」と呼ばれます。

ぶどうの糖度が低い順にカビネット、シュペートレーゼ、アウスレーゼ、ベーレンアウスレーゼ、アイスワイン、そしてトロッケンベーレンアウスレーゼとランクが上がります。

出来上がったワインの甘さとは無関係で、あくまでも収穫時のぶどうの糖度に基づいてランク付けされます。これは、ドイツが非常に冷涼な気候で日射量が少ないためぶどうを完熟させることがとても難しく、糖度の高いぶどうが貴重だったことによります。

カビネットはプレディカーツヴァインの中では一番下のランクに分類されていますが、軽めの味わいで食事に合わせやすくお手頃な価格とあって人気上昇中のワインです（2018年からカビネットの名称内容は変更されました）。

カビネットとは18世紀、修道院の地下室の棚=カビネットに隠していたワインがとても美味しかったこと、また「内閣、閣僚=カビネット」たちが飲んだことから「カビネット」と呼ばれるようになりました。

「遅摘み」という意味のシュペートレーゼは、文字通りあえてぶどうの収穫時期を遅らせ糖度が上がったぶどうでワインを醸造します。

シュペートレーゼが初めて造られたのは18世紀後半、教会のミサ用にワインを醸造していた修道士により偶然に出来上がった産物です。

フルダ司教区の管轄下にあったワイナリー「シュロス・ヨハニスベルク」では司教の許可なしにぶどうを収穫することができませんでした。予定から2週間ほど遅れ、司教から収穫の指示が届きましたが、その時にはすでにぶどうは腐敗した状態となってしまいました。

ドイツワインの6つの分類

ぶどう糖度	
高	トロッケンベーレンアウスレーゼ
	アイスワイン
	ベーレンアウスレーゼ
	アウスレーゼ
	シュペートレーゼ
低	カビネット

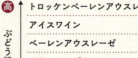

ぶどう一粒も無駄にできない時代、腐敗したぶどうで醸造してみると、意外にも甘みの強い素晴らしいワインが出来上がりました。

ぶどうは「貴腐化」して甘みだけが凝縮された果実となっていたのです。こうしてシュペートレーゼが誕生しました。

アウスレーゼは「選択された収穫」という意味で、11月下旬から12月上旬にかけて収穫された遅摘みのぶどうをさらに厳選し、熟した房だけを使用します。濃厚な甘さが増し、デザートとしても人気の逸品です。

ベーレンアウスレーゼはアウスレーゼと同様、11月下旬から12月上旬にかけて収穫された遅摘みのぶどうをさらに厳選しますが、房ではなく熟した粒だけを使用します。手摘みで収穫した房から、さらに一粒一粒厳選して、丹念に摘み取られます。そのため、とてもコクのある極甘ワインが出来上がります。最低アルコール度数は5・5%以上と決められています。

アイスワインは、摘み取りの時期を冬まで遅らせ、ぶどうが房のまま氷結したものを素早く摘み取ります。凍ったぶどうの果実からは通常の1割近くしか果汁が搾れず、とても希少価値の高いワインです。

アイスワインの醸造は難しく、ぶどうが氷結せず腐敗してしまうことや十分凍らない、鳥に食べられてしまうなど様々なリスクが伴います。また真冬の夜中に摘み取るためその作業は過酷で危険を伴い、年々生産者が減少していました。アイスワインと名乗れる国は、ドイツ、オーストリア、カナダの3国のみに限られており、ドイツでは伝統を継承するため新しい生産者を呼び込む動きも高まっています。

トロッケンベーレンアウスレーゼは世界の3大貴腐ワインの一つです。「乾いた果実を選択して収穫」という意味を持ち、干しぶどうのように糖分が凝縮した貴腐ぶどうのみを使用します。とても濃厚で芳醇な味わいを醸し出す最高峰の極上甘口ワインです。

印刷技術の発展は
ワイン製造から始まった？

「近代印刷術の祖」と呼ばれるドイツ出身のヨハネス・グーテンベルク、彼はルネサンス3大発明の一つと言われる活版印刷術を考案しました。聖書の出版が可能となりのちに宗教革命を引き起こすほど大きな影響を与えた発明ですが、

マインツァー・ゴールド・リースリング・ゼクト ブリュット

グーテンベルクが生まれたマインツのあるドイツ最大のワイン生産地ラインヘッセン地方。ここで1857年に創業、1959年にゼクト（スパークリングワイン）専門の醸造所となる。リースリング100%で造る果実味と酸味のバランスがよい辛口の一本。参考価格2,700円（税抜）。

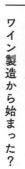

226

グーテンベルクが考案したこの世紀の大発明は実はワイン造りからヒントを得ていました。

グーテンベルクの出身地マインツはフランクフルトから電車で30分ほどの場所にあります。昔からワイン造りが盛んに行われていた街で、グーテンベルクは幼い頃からぶどうの圧搾機を身近に感じていました。

当時の圧搾機はハンドルを回転させて圧力をかけ、ぶどうの果汁を搾り出すもので、この圧搾機を改造して活版印刷機を作りました。当時の価格で家一軒分もする、とても高価なものでした。

印刷機の発明が情報化社会の幕開けとなったわけですが、もともとはワイン醸造から始まったというのはとても興味深いことです。

Chapter

5

新世界の挑戦

～アメリカ・オーストラリア・ニュージーランド・
チリ・アルゼンチン・日本

アメリカのワイン

America

ワイン造りが本格化してわずか150年のアメリカですが、
いまや、生産量世界4位、
消費量は世界1位のワイン大国です。
若年層を中心に、
「投資対象としてのワイン」にも注目が集まっています。

ワインの「旧世界」と「新世界」とは

現在、北緯30〜50度、南緯20〜40度内に位置する、世界のほぼ全ての国でワイン造りが行われています。これらのワイン生産国はワインが造られた時代により「旧世界」（オールドワールド）と「新世界」（ニューワールド）に分類されます。

紀元前から中世にかけてワイン造りが始まったヨーロッパ各国を旧世界、大航海時代に海を渡りワインが伝えられた国を新世界と呼びます。

新世界の代表国アメリカにワインが伝わったのは約500年前、コロンブスがアメリカ大陸へ渡った際、大量のワインを持ち込んだと言われます。

実際にワイン造りが定着したのは、イギリスによりアメリカ大陸の植民地が始まった17〜18世紀

ワインの旧世界と新世界

旧世界（オールドワールド）	新世界（ニューワールド）
●フランス	●アメリカ
●イタリア	●オーストラリア
●スペイン	●チリ
●ドイツ　等	●日本　等

頃。現在の東海岸に位置するバージニア州で初めてワイン造りが行われました。

「ワイン建国の父」となった大統領トーマス・ジェファーソン

第3代アメリカ大統領トーマス・ジェファーソンも地元のバージニア州にぶどう畑と醸造所を開設し、ワイン造りを始めました。現在もそのワイナリーは健在です。

大のワイン好きとして知られるジェファーソンは、現在の歴代ワイン好きランキングでも常に堂々1位に選ばれ、不動のワイン王として親しまれている存在です。

ジェファーソンがアメリカ大使としてフランスに駐在した1785年から4年間、当時のフランスは革命前の最もきらびやかで贅の限りを尽くすサロン文化全盛期の時代でした。ベルサイユ宮殿に招かれたジェファーソンは、本場ボルドーの一流ワインを口にするや、すっかりその魅力にとりつかれてしまいました。任期中「ワイン外交」と揶揄されながらも熱心にボルドーの一流シャトーを訪れ、大量のワインをホワイトハウスへ送りました。今もその記録は残っていますが、現在の価格で数千万円にも及ぶ金額をワインに注ぎ込んでいます。

それまで「ワインを熟成させる」という発想がなかったジェファーソンですが、彼が口にしたワインは全て10年以上熟成させた芳醇なものばかりでした。衝撃を受けたジェファーソンはアメリカへ戻るや、早速地元のバージニア州でワイン造りを開始します。

ところが出来上がったワインはフランスの一流シャトーの味とは全く比較にならないものでした。フランスからワイン醸造の専門家を呼び寄せるも、アメリカの土地では土壌、気候、ぶどうの種類がボルドーと大きく異なり、その味を表現することができません。数年熟成させても味がまろやかになるどころか酸っぱくなる一方でした。

そこで、ジェファーソンは初めて「テロワール」の概念を知り、テロワールがワイン造りの要であることを認識します。彼は、栽培や醸造の記録を残しました。後にこの記録は「ジェファーソンマニュアル」と呼ばれ、東海岸でワイン醸造を行ううえで大きな助けになったそうです。

フランスでの4年の任期を終えてアメリカに戻ったジェファーソンは初代アメリカ大統領ジョージ・ワシントンのもとで初代国務長官を務めますが、そのかたわら本場で学んだワインの知識が買われ、ホワイトハウスのワイン顧問兼バイヤーを任されました。「政治家たるものワインの知識を持ち合わせるべきだ」とも説き、積極的にワインレクチャーを行い、自宅へ招いてはワインディナーを楽しんだと言います。

また外交のためホワイトハウスにワインセラーを構築し、シャンパン400本、ディケム360本、大量のラフィット、1798年産のマルゴーやローザンセグラ、その他高級ブルゴーニュなど様々な一流ワインを揃え、フランス仕込みのワインの知識とマナーをもって外交に臨みました。大統領任期中は1万6500ドルという当時としては大きな額をワインに費やしたと記録されています。

ジェファーソンはアメリカ建国の父として有名ですが、またアメリカにワイン文化を伝えた「ワイン建国の父」としても有名な存在です。

西海岸では
ゴールドラッシュがワイン造りを発展させた

一方、西海岸では16世紀、スペイン人のエルナン・コルテスがヨーロッパ産ぶどうを持ち込み、ワイン造りが開始しました。その後はキリスト教宣教師たちによりワイン造りが継承されましたが、あくまでもミサ用ワインとして造られたワインで決して美味しいものではありません。

その影響から西海岸での商業用ワインの発展は遅れてしまいました。ところが1848年、カリフォルニアに大きな転機が訪れます。この年、サンフランシスコ界隈で大量の金が発見されたのです。そのニュースは世界中に広がり、南米、ヨーロッパ、オーストラリアなどから、約30万もの人々が金を求めて集まりました。

一攫千金を狙って世界中から集まった採掘者たちの中には、現在の価格で何百億もの金を発見し、莫大な富を得た者もいました。しかし、実際に多くのケースでは過酷な労働のわりに金は思ったほど採掘できなかったのです。夢を諦め自国へ戻る人や日雇いで生計を立てる人々がいるなかで、ワイン造りの知識を持ち合わせていた人たちはぶどう栽培者やワイン醸造者へと職を変更しました。

カリフォルニアの気候はヨーロッパと違い、燦々《さんさん》と降り注ぐ大量の日射、朝晩の寒暖差、そして広大な土地を持ち合わせ、ワイン造りには最適な条件を兼ね備えていたのです。

1846年に人口わずか2000人だったサンフランシスコは1852年には約3万6000人もの都市に成長し、様々なビジネスが発展しました。特にワインは金発掘の労働の疲れを癒やし、世界中から集まった強者たちに好まれました。大酒飲みの彼らのおかげでワイン消費はどんどん上昇し、ワインビジネスは大きく発展しました。

禁酒法の抜け穴をくぐった〝濃縮ぶどうジュース〟の智恵

ゴールドラッシュの恩恵を受けたワイン産業ですが、20世紀に入りヨーロッパで第一次世界大戦が勃発。１９２１年にはアメリカで禁酒法が、そして29年には世界経済を揺るがせた大恐慌が起こり、度重なる惨事でワイン産業は大きな打撃を受けてしまいました。

特にワイン業界に影響を及ぼした「禁酒法」は、多くのワイナリーを廃業に追い込み、法律的に醸造が許可されたのは、唯一、教会のミサで使用するワインだけでした。

ただし天下の悪法と呼ばれた禁酒法には、実は多くの抜け穴があったのです。

法の不備を利用して「ワイン・ブリック」なる「ぶどうジュース」が販売されました。ワイン・ブリックとは濃縮されたぶどうジュースに水を入れて薄めて飲む飲み物です。説明書には1ガロンの水を加え濃縮物を溶解する方法が書かれていますが、その後に但し書きで「涼しい場所に21日間放置するとワインに変わってしまうので気をつけてください」と書かれていました。

これは実のところ、ワインの造り方を説明しており、消費者は説明書どおり21日間放置してアルコールの発酵を促してワインを醸造しました。

禁酒法は店舗でのアルコールの販売は禁止しましたが、個人の「家飲み」はOKだったため、仮にワインに変わってしまった「ワイン・ブリック」を飲んだとしても消費者は法に触れず、販売者もぶどうジュースとして販売しているので違法ではありませんでした。

特にカリフォルニアワインを代表する「ベリンジャー・ヴィンヤード」は「ワイン・ブリック」の販売で大きな利益を得たワイナリーの一つです。

また法律が施行される前に高値でワインを売り捌《さば》き、莫大な利益を得たワイナリーもありました。

ニューヨーク市では「スピーク・イージー」と呼ばれる闇のバーが存在していました。今も当時の面影を残したまま隠れ家的バーとして人気を博しています。禁酒法執行中の13年間に2万から10万軒もの「スピーク・イージー」が存在したと言われています。禁酒法により密輸と密造が横行し、施行前よりアルコールの消費が増えたというのですから本末転倒です。

1933年、禁酒法は廃止されました。

大恐慌で国を苦しめていた財政にはアルコールからの税収が大いに役立ちましたが、禁酒法の反動から人々は大量にアルコールを消費し、アメリカでは大衆向けの粗悪なワインが出回るようになってしまいました。

超エリートがワイン業界に転職し「カルトワイン」が誕生

このように、カリフォルニアでワイン醸造が始まったのは、わずか150年前のことですが、現在、アメリカは世界第4位のワイン産地となり、カリフォルニア州では全米の81%が生産されています。ワイン消費は世界トップであり、世界的にワインの消費量が減少するなか、アメリカでは消費量は毎年上昇しています。

ワイン歴の浅いアメリカですが、紀元前からの歴史を持つワインの伝統国フランスやイタリアとともに肩を並べ、最も重要なワイン大国の一つとなりました。

オールドワールドの諸国には大きく遅れをとったものの、第二次世界大戦で大勝利をおさめたアメリカは、経済大国、ワイン大国へと歩み出しました。

1960年代、フロンティア精神にあふれるロバート・モンダヴィの出現により、カリフォルニアではオールドワールドに匹敵する質の高いワイン醸造が開始しました。

「ワインの父」と呼ばれるモンダヴィ氏はカリフォルニアワインの第一の波、ファーストウェーブを巻き起こしました。

そして80年代後半から90年代、セカンドウェーブである「カルトワイン」が誕生し、一世を風靡します。

ロバート・モンダヴィ・ウッドブリッジ

カリフォルニアワインのパイオニア「ロバート・モンダヴィ」が「毎日楽しく味わえる良質なワイン」として造る「ウッドブリッジ」シリーズ。赤も白もそれぞれのぶどうの特徴を生かし品質を重視。最もコスパがよいワインとして世界的に評価が高い。参考価格1,460円（税抜）。

カルトワインとは、まさに「ワインのカルト的な存在」で信者（ワイン好き）は魂を操られるようにワインの魅力にとりつかれ、高額を投じてカルトワインの入手に奔走します。

カルトワインの設立者は、元弁護士や元金融マンなどワインビジネスと畑違いの分野で活躍してきた超エリートたちです。

彼らはワインビジネスへ転職し、ワイナリーのオーナーとして第2のキャリアパスを歩み出しました。頭脳集団である彼らは、誕生したばかりのワインを巧みな戦略で超一流ワインへと押し上げました。フランスの歴史ある銘醸シャトーを横目に高額な価格を提示しますが、カルトワインは即完売となり常に品薄状態が続きました。このカルトワインの成功の後に続けとばかりに、今も次世代カルトワインが次々に誕生しています。

アメリカのZ世代にとって、ワインはもはや金融商品

アメリカがＩＴバブル、金融バブルで湧く好景気の時代、オークション会場では飛ぶ鳥を落とすが如く、カルトワインが次々と高値で落札されていきました。

ミレニアムで沸いた２０００年の幕開けを記念して、アメリカではシャンパンブランドの大々的なプロモーション合戦が繰り広げられました。店頭やオンラインのシャンパンはほぼ全て完売状態となり、オンラインオークションでシャンパンが高値で取引される事態となりました。シャンパンの高騰を目の当りにした人々は、「ワインは単なるお酒や嗜好品」という概念から脱して、「資産、投資としてのワイン」に関心を示すようになりました。

ワインは金融商品と同等に扱われ、高級車や不動産以上の価格で取引される時代になりました。

アメリカの経済誌は、ワインは資産価値を持つアイテムであり、Ｓ＆Ｐ５００に比べよりよいパフォーマンスであることを証明しました。

ＩＴの知識を持ち、投資に興味のある若者たちは気軽に少額からワイン投資が可能なプラットフォームを開発し、将来性のあるビジネスとして大きな投資を集めました。着々と会員を増やし、盛んにワイン投資が行われています。

彼らは自分たちの生まれ年より古い1982年産ボルドーを優雅に飲むということに興味はなく、82年産ボルドーの現在の価値とそのリターンに興味を持っています。

また一方でヘルシー志向の若者たちは、高額すぎるカルトワインやワイン投資に興味を示さず、評論家の点数に右往左往しないこだわりのある生産者を好みます。

彼らの中では、ナパの一等地一辺倒で生産するカルトワインに代わり、産地にこだわらず、様々な土地で有機農法でぶどうを育て、トレーサビリティーとサステイナビリティー（持続可能性）を重視した、環境に優しく生活に配慮したオーガニックやビオワインが主流となっています。若い世代にサポートされ、独自のスタイルを持つ第3波「サードウェーブ・ワイン」の生産に高い注目が集まります。

一流ブランドのワインよりもオリジナリティのあるプライベートブランドを好むZ世代の市場を見越し、ワイナリーへのクラウドファンディングも積極的に行われています。

法律や制約の縛りが少ないアメリカだからこそ、自由な発想で様々なスタイルのワインが造られます。またITやVRなどを駆使したワインビジネスも生まれ、今後ワイン文化の流れが変わろうとしています。

ボンテッラ
ジンファンデル

アメリカにおいてオーガニックワインの先駆けであり、イノベーター的存在の生産者。清潔で安全で美味しいワインを目指し現在は有機栽培やオーガニック醸造のみならず地球に優しい環境問題に取り組み、若者たちも高い支持を得る。参考価格3,300円（税込）。

オーストラリアのワイン

Australia

スクリューキャップのワインボトルや、
品種のラベルへの表示を導入したのは、
オーストラリアが初めてです。
パワフルな赤ワイン「シラーズ」をはじめ、
大量生産が行われています。

フランスの超一流品種が次々と持ち込まれる

オーストラリアは1990年代、ワインの生産、国内消費、輸出を大幅に伸ばし、ワイン大国の一つとなりました。意外にもその歴史は浅く、ぶどうの樹が初めてオーストラリアへ持ち込まれたのはわずか235年ほど前です。

1788年、「ファースト・フリート」と呼ばれるイギリスの囚人を乗せた船とともに初めてぶどうの樹がシドニーへ持ち込まれました。以降フランスの優良品種が次々と輸入され、その中にはエルミタージュ（フランスのローヌ地方）のシラー種やクロ・ド・ヴージョ（フランスのブルゴーニュ地方）のピノ・ノワール種など、超一流のぶどう品種が含まれていました。

フィロキセラ発生前のボルドーの銘醸シャトーの苗木を輸入し、ワイン新興国でありながら高級なぶどう品種とフランスの醸造技術を継承し、本格的にワイン造りが行われました。

フィロキセラ（P167～）は1875年にオーストラリアにも到来しますが、被害を最小限に抑えワイン造りはなんなく再開されました。オーストラリアではフィロキセラ前の真正な遺伝子を持つぶどうの苗をフランスから輸入していたため、ヨーロッパ各国から非常に重宝されました。20世紀初頭、ワイン産業は第一次黄金時代を迎えます。ワインの消費大国だったイギリスはオーストラリア産の赤ワインを気に入り、植民地や自治領で輸入を義務付けたため、輸出量が大きく拡大しました。特にヨーロッパではフィロキセラによりフランス産ワインの供給が止まったこと、そしてアメリカ産苗を接ぎ木していない純フランス産ワインの供給が可能なことも大きな発展につながりました。

また第一次世界大戦後は帰還兵たちをワイン産業へ優遇的に迎え入れ、戦後わずか6年で輸出量は約8倍に飛躍し、第二次世界大戦が始まるとさらに輸出量が増加しました。

戦後、再びワイン産業の第二次黄金時代を迎えます。新しいワイン醸造技術の進歩、品質の向上、中産階級の移民の受け入れ政策などで、国内外と消費量を劇的に伸ばしました。

スクリューキャップを初めて採用したのはオーストラリア

オーストラリアでは、ワインの歴史は浅いとはいえ、革新的な取り組みが行われてきました。今ではもうおなじみのスクリューキャップですが、１９７０年、初めてスクリューキャップを使用したのがオーストラリアです。当時は斬新すぎたアイディアでしたが、今ではオーストラリア産のワインの大部分がスクリューキャップを使用しています。

オーストラリアでの成功を受け２００２〜03年頃ヨーロッパの銘醸シャトーがスクリューキャップ使用を検討中と発表したことがありました。もちろん大きなバッシングを受けることになりましたが、現在はスクリューキャップの利点が見直され、推進派が増えています。

利点は以下の点が挙げられます。

- 適度な通気性と密封性に優れフレッシュさを保ちながら熟成が可能
- コルクによる品質劣化の問題がない
- 木を伐採しない
- 開けやすい

かつて「スクリューキャップ＝安いワイン」という先入観がありましたが、今やボルドーやブルゴーニュの生産者も使用を始めました。

また、世界で初めてラベルにぶどうの品種を表示することを義務付けたのも、オーストラリアです。

旧世界のラベルは産地の明記のみでぶどう品種は明記されず、産地からぶどう品種を覚える必要がありました。特にフランス語やドイツ語で書かれたラベルは、英語圏の人々にはとてもわかりにくく、オーストラリア政府は消費者目線に立ち、品種の表示を義務付けました。

その姿勢は世界中のワイン愛好家から支持され、アメリカもすぐにこの制度を導入し、ワインの消費を劇的に増やしました。

オーストラリアワインは純フランス産のDNAを持つぶどう品種を使用し、ヨーロッパ直伝の醸造法を取り入れ、伝統と革新を融合させたオーストラリア独特のワイン造りに取り組んでいます。

オーストラリア政府は国内の生産、雇用、輸出、観光を生み出し、経済的に大きく貢献するオーストラリアのワイン産業を全面的に支えています。

ニュージーランドのワイン

New Zealand

この20年前後で急激に生産量を増やしたニュージーランドワイン。
小さい国土ながら恵まれた環境を生かし、
高品質なワインを生み出します。
代表品種であるソーヴィニオン・ブランは
世界中にファンを持ちます。

生産量は世界のわずか1%ながら非常に高い価値を持つ

南太平洋に浮かぶニュージーランドは新世界のワイン産地国の中でもひときわ際立つ存在です。

日本と同じく南北に長いニュージーランドのワイン産地は、亜熱帯の北島から世界最南端のセントラルオタゴまで1600キロにわたります。どの産地も海から130キロ以内に位置し、全体的に海洋性気候です。北島のトンガリロ国立公園から南島のサザンアルプスまで、国土の中央を走る山脈の背骨が、タスマン海から吹く強風（ロアリングフォーティーズ）からワイン産地を守っています。強風が吹くため西海岸にはワインの産地がほとんどありません。北部は温暖で穏やかな気候なのに対し、南部は若干涼しくほとんどの産地は山の雨陰にある北島と南島の東海岸に位置します。全体的に昼は長い日射量を確保し、夜は海風で涼しくぶどうにとって恵まれた環境が整っています。

ニュージーランドは小さい国土ゆえ生産量は世界のワインのわずか1%です。しかし、どれも厳選された高品質なワインで、赤、白、スパークリング、ロゼ、どのようなタイプのワインも必ず満足がいく品揃えとなっています。

ぶどうは多岐にわたりソーヴィニオン・ブラン、ピノ・ノワール、ピノ・グリ、シャルドネを中心にリースリング、シラー、カベルネ・ソーヴィニオン、メルロー、ヴィオニエ、ジンファンデルなど様々な品種が揃い、それぞれの産地の特徴を生かしたニュージーランドならではの固有のワインを産出します。

イギリス市場ではどの生産地よりもニュージーランド産ワインは高い価値があると発表しました。

他の産地は1リットル当たり平均販売価格は8・88ポンドに対しニュージーランド産ワインは1リットル当たり平均11・10ポンドです。どこよりも価値の高いワインだということが証明されました。

特にニュージーランドを代表するソーヴィニオン・ブランはその世界観と独

特の風味で世界中にいる何百万人もの熱狂的なファンを魅了します。ニュージーランドの恵まれた気候と自然、その環境と溶け込んだぶどう、揺るぎない情熱を持つ生産者たちとの三つ巴の調和から生まれるソーヴィニオン・ブラン、そのグラスからはまるで森林浴をしているかのように青々した竹や刈ったばかりの芝生のような心地よい草木の香りが漂います。フレッシュなパイナップル、メロン、マンゴーなどトロピカル系フルーツやハーブやピーマン、また柑橘系

トゥーリバース
ソーヴィニオン・ブラン

2004年にマールボロで創業。20年に有機栽培へ転向し醸造は自然発酵、コンクリート製タンク、オーク樽、オンフォラで熟成させワインに広がりと複雑さを醸し出す。コンバージェンスとは異なる畑から収穫したぶどうの融合を意味する。キウイ、赤ピーマン、パッションフルーツ、ベリーの風味。力強い口あたりと凝縮感。ジューシーな果実味と酸味の余韻が長い。参考価格2,900円（税別）。

のライムやグレープフルーツなども相まってフランスのロワールやボルドー産とはひと味もふた味も違うソーヴィニオン・ブランが楽しめます。

20年間で年間17%の急成長
主力はソーヴィニオン・ブラン

ニュージーランドのワインの歴史は、他の産地と同じくイエズス会の宣教師がぶどうを持ち込んだのが始まりです。しかし実際にワイン造りが本格化したのは20世紀半ばのことでした。

それまでニュージーランドはワインよりビールや蒸留酒を好むイギリス系の移民がほとんどで、ワインの醸造は主に教会のミサで使用するだけのものでした。しかも20世紀前半は禁酒運動が叫ばれ、大恐慌が蔓延る時代、その影響がワイン産業の成長を妨げていたのです。

またニュージーランドは酪農産業が中心で乳製品、肉、羊毛に対して有利な貿易条件が適応され、国の経済を支えていました。徐々にその情勢は変化していき、畜産、酪農に対する有利な貿易条件は廃止されます。政府は、より経済的利益が見込め、かつ大きな市場が用意されているぶどう栽培とワイン醸造へと舵を切りました。またタイミングよく「6時の酒盛り」(The 6o'clock swill)という政策も廃止となり、国民は自由にワインを楽しむことができるようになりました。

「6時の酒盛り」とはもともと禁酒運動から生まれた政策です。アルコールの販売を制限すれば全面禁止につながると期待し、バーやパブは「午後5時開店6時閉店」が義務付けられました。しかし実際は1時間という限られた時間内にできるだけ酔っ払おうと一気に大量にガブ飲みする人々であふれかえり急性アルコール中毒を招くなどとんでもない結果となってしまいました。1967年「6時の酒盛り」政策は廃止され6時以降も自由にお酒を飲むことが合法化されました。

21世紀の幕開けとともに世界のワイン産業は大きく飛躍し、高い需要と供給を記録します。ニュージーランドのワイン産業も急速に拡大し2000年から20年にかけて生産量は年間17％の成長を遂げ、20年は3億3000万リットルを生産、そのうちの60％以上はソーヴィニオン・ブランが占めます。総生産量のほぼ90％が欧米に輸出され、20年の輸出収入は過去最高の19億2000万ニュージーランドドルに達しました。

ニュージーランド政府は「6時の酒盛り」撤廃後、政府一丸となりぶどう栽培を推進しサポートしました。その結果、ぶどう畑の面積は過去50年で400ヘクタールから4万ヘクタールにまで拡大し、北島と南島合わせて10の主要なワイン産地が誕生しました。

それぞれの産地は独自の土壌と気象条件を持ち合わせ、テロワールを生かしたワイン造りが行われています。決して旧世界の味を追うのではなく独自のスタイルを持ち、ニュージーランドでしか表現できないワインを生産しています。その味は世界の誰もが認め、ニュージーランドは唯一無二の存在感を放っています。

チリのワイン
Chile

日本人にもなじみが深いチリワイン。
近年は一流生産者とのジョイントによる高級銘柄が生まれ、
また、オーガニックの分野でも
先進的な取り組みが進められています。

害虫フィロキセラの被害によって
ワイン造りが本格化

チリワインの歴史は16世紀まで遡ります。

１５４０年スペイン王国の探検家、ペドロ・デ・バルディビアはチリの征服を目指しペルーから南へ遠征を続けました。

わずか12名のスペイン兵と捕虜を率いての苦しい戦いでしたが現在の首都サンティアゴの街の建築にこぎつけました。１５４５年９月４日、バルディビアはスペイン王チャールズ１世に宛て１通の手紙を送りました。

「チリ、ここは神が創造した場所に違いない。すぐにぶどうの苗木を送って欲しい」

山脈と海に挟まれる特異な地形のチリがぶどう栽培に理想の地であると察したバルディビアは、この地で大量のワインを造り異教徒を伝道したいと申し出たのです。

スペイン王はすぐにその願いを受け入れ、大量の苗木を詰め込み栽培者を乗せた船はチリのコキンボ港へ出港しました。ラ・セレーヌ、サンティアゴ、コンセプシオンで苗木を植え付けチリ初のぶどう園を新設。布教活動とともにワイン生産を軌道にのせ17世紀、ワインはチリ初の輸出品としてヨーロッパへ送られました。

その味はフランス産の優良品種に到底及ぶものではなかったものの、チリのテロワールに興味を持ったフランスの学者はチリへ赴き、数々のフランス産ぶどうの植え付けを試みました。またチリの将来性を見込み自国から苗木を持ち込んで新天地チリで醸造を始めたフランス人醸造家もいました。

この持ち込まれた苗木は後にチリのワイン産業を助け、フィロキセラ（P167〜）で大打撃を受けたフランスのぶどう園の危機を救うこととなります。

19世紀後半、フィロキセラによってフランス産ぶどうはほぼ壊滅し、多くの醸造家、栽培業者は手立てもないまま廃業に追い込まれました。

苦肉の策としてフィロキセラに強いアメリカ産のぶどうの接ぎ木をするしか手立てはなかったのですが、純正フランス産のぶどうにこだわる生産者たちにとって接ぎ木の妥協案はとても受け入れることができないのです。

ところが幸運にもフィロキセラ発生前にフランス産の苗木がチリに持ち込まれていたことが判明すると、ヨーロッパから多くの醸造家、栽培業者は栽培再開のためチリへ移住しました。

しかしその後チリのワイン産業は順風満帆に発展を遂げていったわけではありません。輸出先の欧米では戦争が勃発し、チリ国内は独裁政治や不況の煽りで国内のワイン消費は落ち込みます。なす術もなく低品質なワインを大量に売り捌き「チリワイン＝安かろう悪かろう」のイメージが世界中に根付いてしまいました。しばらく続いた低迷期も1990年代には状況が一変し、チリの独裁政治が終わるとワイン産業を立て直すべく、フランスやアメリカから資金が流入し、多くの投資が集まりました。チリにはぶどう栽培にとって理想的な環境が整っています。

南北の長さ4329キロ、東西は平均175キロの細長いチリの国土は、西は太平洋、東はアンデス山脈、北は砂漠、南は南極大陸に囲まれています。この自然環境の恩恵を受け、何世紀にもわたりぶどう生育の天敵である害虫からぶどう畑が守られてきました。

チリの独特の地形は、昼夜の寒暖差、豊富な日射量、適度な雨量、最適な風通し、そして乾燥した空気など、ぶどうの栽培に最も適した環境なのです。

また灌漑《かんがい》技術の導入により、山の斜面や標高の高いところでもぶどう栽培が可能となりました。標高の高い畑は日中は30度を超える暑さとなり、夜は風の影響で肌寒く寒暖差が生まれエキスたっぷりのぶどうが育ちます。

土地の安さも相まって続々と投資が進み、チリのワイン産業は毎年成長しています。

著名ワイナリーが手掛けるチリの2大高級銘柄

チリには現在約800のワイナリーが存在し、世界6位のワイン生産国となりました。10万人もの直接雇用を生み出し、アルコール税などによる税収は2億500万ドルでチリの経済を支えています。

1990年はわずか20万ヘクトリットルだった生産量は、2021年には1340万ヘクトリットルに増加、現在は年間12億本を送り出す輸出大国へと成長しました。過去30年でチリのワイン産業は大きな成長を遂げました。

生産量の拡大を達成したチリのワイン産業は、次への取り組みとして高級ワインのブランド化、サステイナブルなワイン造りと有機ワインの強化、スパークリングワインの生産に力を注いでいます。

チリの高級ワインといえば「アルマヴィーヴァ」と「セーニャ」が挙げられます。

「アルマヴィーヴァ」はボルドーワインの最高峰の一つ「シャトー・ムートン・ロートシルト」を所有するバロン・フィリップ・ロスチャイルド社とチリ最大のワイナリー、コンチャイトロ社とのジョイントベンチャーにより1998年に誕生しました。

「セーニャ」は140年の歴史を誇るチリの老舗ワイナリー、エラスリス家とカリフォルニアワインの先駆者ロバート・モンダヴィ氏とのジョイントベンチャーにより1995年に誕生しました。

アルマヴィーヴァ

1996年ボルドーの一級シャトー、シャトー・ムートン・ロートシルトとチリ最大の生産者コンチャイトロ社とのジョイントベンチャーで実現したチリの最高品質の赤ワイン。ワインオブザイヤーの一位にも輝いた実績を持つ。チリワイン＝高級ワインのイメージアップの立役者。写真は2018年のもの。

セーニャ

カリフォルニアのロバート・モンダヴィ氏とチリのエラスリス家とのコラボで生まれた最高品質の赤ワイン。1991年、チリを訪れたモンダヴィは20年前のカリフォルニアと同じポテンシャルを感じセーニャ誕生を確信する。95年「ドリームワイン」と呼ばれたセーニャがリリースされ数々の受賞歴を経てチリワインのアイコンの座を獲得。写真は2016年のもの。

どちらもチリのスーパープレミアムワインを切り拓いたパイオニアです。

チリのワインショップをはじめ輸出業者は1本数千円以上の高品質なワインのみを宣伝し、チリワイン＝高級ワインのイメージづくりに努めました。「プレミアムプッシュ」と呼ばれるこの動きは大いに効果を上げ、２０１９年、アジア市場の20％増加に導きました。

コロナ禍以降もチリは長期的に「プレミアムプッシュ」を強化し、世界の高級ワイン生産国の一つとして評判を築くことを目指しています。

サステイナブルなワイン造りに注力

チリのワイン産地は害虫の被害を受けにくい恵まれた環境を利用し、「サステイナブル」なワイン造りに力を入れています。日本でもサステイナビリティ（持続可能性）が盛んに叫ばれていますが、ワイン産業も環境に配慮し、農薬や化学肥料を極力使用せず環境に優しいぶどう栽培の重要性が高まっています。

サステイナブルなワイン造りの取り組みとは具体的に、土壌を守る栽培法、化学肥料や農薬などの使用の制限、水やエネルギーなどの資源の利用方法、樽やワインボトルの再生、ワインの輸送手段、コミュニティへの配慮などです。

チリ政府は2050年までにカーボンニュートラルの実現を約束し、2030年までにリサイクル可能なボトル使用率を80%まで上げる計画だと発表しました。

チリのワイナリーは積極的にグリーンワイナリーの認証（環境に配慮した認証）

コノスル オーガニック ピノ・ノワール

リーズナブルな価格で若年層に人気のコノスルが手掛ける有機ぶどう100%で造られるオーガニックワイン。ピノ・ノワールは、果実味にあふれ、いちごやプラムなどのアロマを感じさせる。参考価格1,257円（税抜）。

獲得に努めています。

オーガニックワインの醸造も推奨されています。日本でも大人気の「コノスル」は１９９０年代から化学肥料や農薬の使用を抑えたぶどう栽培を開始しました。ぶどう畑にガチョウを放して害虫や雑草を食べてもらい、共にぶどうを育てています。

コノスルの畑では５００羽のガチョウが生育され、ガチョウのフンが養分となり化学肥料の使用をストップしました。コノスルは徐々に有機畑を増やし、世界的に広がるオーガニックワインの供給を可能にしました。特にコノスルは25歳から44歳の若手消費者に大きな支持を得て年々売り上げを伸ばしています。

世界最大のオーガニックワイナリーはチリに

サステイナビリティ経営、オーガニック栽培、ビオディナミ（バイオダイナミック）農法の先駆け「エミリアーナ・ヴィンヤーズ」はチリ最大の有機畑を所有する、世界最大のオーガニックのワイナリーです。

１９８６年設立の「エミリアーナ・ヴィンヤーズ」は将来的に有機栽培やビオディナミ農法そしてサステイナブルの重要性を見越し、90年代後半から取り組みを始めました。

ビオディナミ農法とは、Ｐ３２１〜に詳述しますが、生産システムそのものが生命体であると考え、天体の動きに合わせて収穫や植え付けの時期を決め、宇宙との調和、動物との共存共栄で作物を育てる農法です。

１９９０年代の世の中はまだ、オーガニックやビオへの注目は浅く、特に宇宙の力を土壌に呼び込むというビオディナミ農法は少々オカルト的に思われていました。そんな時代、創業者は農薬、化学肥料の使用を一切やめ、オーガニック・ビオ農法を進めていきました。98年本格的にオーガニックワイナリーへと転換し、２００１年、チリで初めてオーガニックワイナリーとして認証を獲得、03年は初リリースのオーガニックワイン「コヤム」がベストワイン賞を受賞しました。

２００６年にはエミリアーナの看板ワイン「Ge 2003」が南米で初めて由緒あるデメター認証（P３２９）を獲得しました。07年、サステイナブルな働き方を取り入れ「労働のフェアトレード」「働き方改革」を実施、12年「グリーン・ワイナリー・オブ・ザ・イヤー」を獲得しました。こうしてエミリアーナは着々と世界一のオーガニックワイナリーとして地位を築いていきました。

現在はヴィーガンワインの生産にも力を入れています。

天体の動きに合わせて栽培されるぶどう畑には鶏やアルパカが放たれ、動物たちは雑草を食べながら畑を耕し、馬は樽などの重い荷物の移動を請け負っています。最近は野生のクジャクがエミリアーナのワイナリーに訪れる人々や従業員たちを楽しませているそうです。

ここでは人間、動物、植物、自然のそれぞれがそれぞれの役割を果たして調和、共存、生産が行われています。

通常、有機農法の栽培は費用がかさみワインの価格に反映されがちですがエ

エミリアーナ・ヴィンヤーズ
エコ・バランス
カベルネ・ソーヴィニヨン
ヴァレ・セントラル

1986年に設立された、チリ最大の有機栽培畑を所有するワイナリー。チリのワイナリーで初めての、ISO14001を取得している。有機栽培ぶどう100％の本格的なビオワインの味が、リーズナブルに楽しめる。参考価格1,210円（税込）。

ミリアーナでは労力は動物に任せ、無駄を省き、再生可能な資源を利用するなどして低価格を実現しています。

日本でも1000円前後で本格的な自然派ワインが味わえます。

エミリアーナ・ヴィンヤーズはワインを造ることだけでなく「人間と自然をつなげる」ことがワイナリーの仕事であると言います。現在は不動産よりも高いワインが取引される時代ですが、また一方で地球や人間に優しいワインを求める人々も増えています。

ワイン産業が新しい転換期を迎えようとしている今、エミリアーナはこれからのワイン産業のあり方をいち早く取り込んだパイオニアです。

関税撤廃でよりリーズナブルになり輸入量第1位に

チリワインは2007年に発効したEPA（経済連携協定）で関税が撤廃され、

ヨーロッパのワインに比べればもともと安価だったうえに関税が撤廃されたことで輸入量が増大し、2015年以降はフランスを抜き輸入量第1位になりました。

そしてチリはスパークリングワイン醸造へ、積極的な取り組みを開始しました。南北に長い国土の中南部に広がるオソルノ地域は、高級なスパークリングの生産地に切り替えられました。

チリの富士山と称されるオソルノ山やランコ湖の地域は冷涼で乾燥した気候が広がり、シャンパーニュと同じく、ピノ・ノワールやシャルドネの生育に適した土壌が整っています。

スパークリングワインの生産で成功したタスマニア（オーストラリアの州の一つで本土の南海上の島）と同じ緯度に位置し環境的に似た条件を持つチロエ島は、高級スパークリングワインの産地として素晴らしい可能性を秘めていると言われ、ぶどう生産者や醸造家が移り住み、この地でハイエンドなスパークリングの醸造に動き始めました。

多くの評論家たちもこの地域の大きな将来性を唱え、世界中から期待が高まっています。

評論家から大絶賛されたチリ産スパークリングワイン

様々な取り組みや新たなプロジェクトに挑戦するチリの生産者たち。なかでも既存のワイン醸造に加え、新たにスパークリングワインの生産に着手したワイナリー「ヴィーニャ・カサ・シルヴァ」をご紹介します。

前述した通り、フィロキセラは、フランスのボルドー一帯に壊滅的な被害をもたらし、フランスを離れ、新たな新天地を求めてチリへ移住する生産者がいました。

「ヴィーニャ・カサ・シルヴァ」の先代、エミリオ・ブションもその一人です。ボルドーのサンテミリオンに所有していたぶどうが全滅し、フランス産の苗を求めてチリのコルチャグア・ヴァレーへ移住します。傷心を抱いて移住したチリですが、そこは想像以上に高いテロワールが整っており、移住後すぐにコルチャグア・ヴァレーでぶどう栽培に向け動き出しました。

コルチャグア・ヴァレーはサンティアゴから車で2時間半ほど南下した産地で、海風とアンデス山脈の影響を受け寒暖差があり、比較的涼しい土地でカベルネ・ソーヴィニオンとメルローに最も適したテロワールです。両品種が生まれた場所はサンテミリオン、そこはまさにエミリオの出身地で両品種の栽培はお手のものであるエミリオはすぐその頭角を現し、先駆者的な存在となって地元の生産者と栽培業を開始しました。5代目に入り長年の家族の夢であった独立を果たし栽培と醸造を担う「ヴィーニャ・カサ・シルヴァ」を設立。先代の精神を引き継ぎチリのイノベーター・パイオニアとしての革新を目指しました。

次々とワインを発表し入賞経験を積みながら一流ワイナリーへ進んでいた2006年、新たな挑戦としてチリの南部パタゴニアの地でぶどう栽培に着手しました。

パタゴニア地方のオソルノ山付近はワイン未開拓の地で、ぶどうの栽培には不向きであると誰もが思っていた場所です。

この地でシャルドネとピノ・ノワールを栽培し伝統的なシャンパーニュ製法でスパークリングワイン「フェルボール・デ・ラゴ・ランコ」を発表しました。最低4年間のスキンコンタクト(果汁と果皮を分けず果皮を果汁に浸漬させる)を通じ果皮から成分を抽出し、深みと新鮮みのある長期熟成型のスパークリングワインに仕上げています。シャンパンを彷彿されるその出来は評論家から大絶賛され各賞を受賞しました。

以来オソルノ地域は見直され、未開拓だったこの地に次々と移住者が続き「ヴィーニャ・カサ・シルヴァ」はスパークリングワイン生産の火付け役となりました。

また新たにサステイナブル(持続可能)なワイナリーや畑への取り組みを始めました。畑はすべてサステイナブルの認証を取得し炭素排出量を削減しボトルのリサイクルを奨励しています。

現在はワインビジネスだけでなくホテルやレストランの新規事業にも乗り出しました。先代が住んでいた100年以上前の家をブティックホテルとして改装し、レストランでは自然の素材にこだわる食を提供するなど環境や健康に配慮した取り組みを進めています。

チリワインの主な品種

チリは南北に長く、個性的な自然環境により、多種多様なぶどうが栽培されています。

チリではフランス系のぶどう品種が多く栽培され、全生産量の80%を赤ワイン用品種が占めます。

●カベルネ・ソーヴィニオン

フランス系ぶどう、チリのカベルネ・ソーヴィニオンで造られる赤ワインは渋みが少なく果実味が豊富。全体的に長期熟成向きではないが徐々にバニラ香が際立ち、品のあるワインを形成します。

●ピノ・ノワール

昨今注目を集めているチリのピノ・ノワールは、甘めの果実味があり繊細な味わいで、特にチリの南部に広がる冷涼な地域で栽培されるピノ・ノワールはアロマがしっかりしています。

栽培と醸造技術を要するがチリで成功したぶどう品種

●カルメネール

古くはボルドーで栽培され、19世紀にチリに持ち込まれました。現在はチリの独自ぶどう品種とされています。香りは強くスパイス、コーヒー、カカオ、プラムなどフルボディーのワインを造り、カベルネ・ソーヴィニオンとの相性がよいと言われます。

●メルロー

チリで第2位の生産量を誇り、タンニンは弱めで渋みが少なく一般的に飲みやすいワインと称されます。

●シラー

フランス系ぶどう品種で高級なワインが造られます。チリの花崗岩質の土壌と相性がよく、色味が濃くスパイシーな赤ワインを醸造します。

アルゼンチンのワイン

Argentine Republic

「黒ワイン」とも呼ばれるタンニンの豊富な赤ワイン
マルベックの世界一の産地です。
肉料理にぴったりなこのワインは
インカ帝国時代の灌漑技術が生み出す土壌から生まれています。

280

高ポリフェノールでタンニン豊富な「マルベック」が代表品種

アルゼンチンと言えば「マルベック」。ポリフェノールの含有率が高くタンニンが豊富な味わいで「黒ワイン」と呼ばれるほど色合いの濃いワインです。プルーンやブルーベリーのような濃厚で深みのある果実味とスパイシーさを醸し出します。

もともとはフランス南西部に広がるカオール地方に起源を持ち、「コー」「コット」と呼ばれるぶどうがボルドーに移植された際、マルベックと名付けられ、ボルドーの主力品種として数々の名品を生み出しました。「世界のボルドー」の名を轟かせる立役者となったマルベックですが、19世紀半ばに発生したフィロキセラで壊滅的な被害を被ったボルドーの畑を救うべく接ぎ木されたアメリカ産のぶどうとマルベックは相性が悪く、どうも互いになじむことができません。被害を救うことができないマルベックは無残にも畑から引き抜かれ、カベルネ・ソーヴィニオンやメルローに主力品種の座を譲り、ブレンドの調整に使用されるマイナーな品種となりました。

その一方で、現在世界最大のマルベックの栽培面積を誇るアルゼンチンでは、自国を代表する品種として成長を遂げました。

マルベックがアルゼンチンにもたらされたのは19世紀半ばのことです。ドミンゴ・サルミエント（後にアルゼンチン大統領となる）がアルゼンチンのワイン醸造の発展と拡大を提案し農学研究所と農学学校を設立する法案を州議会に求めました。チリに亡命していたサルミエントはワインの輸出でワイン産業を軌道にのせた隣国チリの現状を目の当たりにし、またフランス訪問中に本場のワイン文化に触れたことでアルゼンチンワインの将来性を見込んだのでした。

アルゼンチンのワインの歴史は決して浅くはありません。その歴史は16世紀まで遡ります。イエズス会の宣教師が最初のぶどうの木を植えたのが１５５１年、それから約３００年もの間「クリオージャ」というぶどう品種を栽培し、ワイン醸造を継承しました。しかしクリオージャは決して高品質のワインを生み出すのではなく収穫量が確保できる、あくまでも大量生産向けの安価なワインを生産するだけのものです。

政府はサルミエントの案を受けてフランスの農学者プージェ氏をぶどう栽培の専門家として迎え、メンドーサにアルゼンチン初の農業学校とぶどう園を設立しワイン産業の立て直しを図りました。

1853年4月17日、マルベックを含む数々のフランス産品種がアルゼンチ

カテナ
マルベック

1902年イタリアからアルゼンチンに渡りメンドーサで創業。80年代マルベックに特化した高級ワイン造りに転向。2009年英国で南米生産者初の「マン・オブ・ザ・イヤー」を獲得。濃厚なダークチョコレート、ヘーゼルナッツ、バニラ、モカの香りが漂う。プラム、ブルーベリーの風味と甘いスパイス。滑らかなタンニン。熟成ステーキとの愛称は抜群と評判のワイン。参考価格3,300円（税込）。

ンに到着し、新たなワイン産業の幕開けとなるぶどう栽培がスタートしました。程なくしてワイン産業は順調に進み、85年メンドーサとブエノスアイレスを結ぶ鉄道が開通したことでワインの輸送は劇的に改善され、需要と供給が大幅に増加しました。それまでは樽を積んだラバが1カ月かけて運んでいたのです。またヨーロッパから多くの移民が訪れたこともワイン産業を大きく後押ししました。

ワインの知識を持つ移民たちは線路沿いにワイナリーを建て、1880年から1900年の20年間でぶどう畑の面積は5倍以上に膨れ、順調に発展を遂げていきます。70年代にはワイン産業は絶頂期を迎え国民一人当たりのワイン消費は92リットルにも達しました。

しかし80年代に入ると、経済的危機、政治腐敗、不正取引などでワイン業界も連鎖的に影響が及び、ついにはメンドーサ最大のワイン王であり金融を牛耳る大物が破産となり、ワインの価格は80％下落。安価なテーブルワインの生産者たちは大量の在庫を抱え、廃業へと追いやられました。1人当たりのワインの消費量は76リットルに減少し、この傾向は今日まで続き、2019年の消費量はわずか18リットルです。

国内市場の縮小に直面したワイン業界は生き残りをかけ、国内消費に頼るのではなく新たに輸出に焦点を当て、マルベックを中心とした高品質ワインの生産に踏み切りました。

先述したとおり、チリは早い時期から輸出市場に合わせてワイン造りを始め、海外からの投資や技術者を導入し過去数十年にわたりワイン生産の成長を遂げています。アルゼンチンも海外からの技術、知識、経験、資金を取り入れ、ワインの味、熟成度を重視するアプローチを促進しました。

すぐにその成果が実り輸出量は1990年の5万5000ヘクタールから10年後の2000年には49万2000ヘクタールに増加しました（INVによる）。国内市場向け低品質の大量生産国から高品質の輸出生産国へのイメージチェンジは大成功し、アメリカ、イギリス、日本への輸出量は大幅に拡大しました。

標高の高い場所で育ったぶどうは果実味とタンニンにあふれた味わいに

こうしたアルゼンチンのマルベックの成功を支えたのは、南アメリカ大陸を縦断する世界最長のアンデス山脈です。

類を見ないマルベックを生み出す秘密はインカ帝国の時代に設計された灌漑

ボデガ・エル・エステコ
クマ　オーガニック
マルベック

アルゼンチンの有機認証「アルゼンサート」認定の有機栽培ぶどうを100%使用。ぶどう畑は標高1700mに位置し豊富な日射量を確保。昼夜の寒暖差が高く湿度が低いためぶどうは病気にかかりにくくオーガニック栽培が可能な恵まれた環境。評論家の評価も高く世界中で人気の高いワイン。写真は2018年のもの。参考価格1,485円（税込）。

286

技術によります。アンデス山脈の新鮮な雪解け水が精巧な石組みと卓越した配水技術によりぶどうの樹々全体に行き渡っています。年間を通じて乾燥し降雨量が少ない環境ですが、地中深くに水が染み渡ってぶどうの根には常に程よく水分が与えられます。

また世界で最も標高が高い場所にぶどう畑が広がり、強い日射にさらされることで果皮の厚い実が生まれ、果実味とタンニンが混ざりあった凝縮感のあるぶどうが育ちます。この特殊な環境と灌漑技術がマルベックを世界に押し上げた要因の一つです。

他にもアルゼンチンは今人気のワインツーリズムにも力を入れています。国内最大のワイン産地メンドーサのワイナリーへは年間平均110万人が訪れそのうちの40％は国外からの訪問者が占めています。

ワイナリーへ訪れた人々は自国へ戻ってもここでの体験が忘れられず、「お肉を食べる時はついついアルゼンチンのマルベックに手が伸びてしまう」と語っていました。私も同感です。

アルゼンチンは長いワインの歴史の中で浮き沈みを繰り返し、独自の地位を築きました。ワインの仲間内では「アルゼンチンといえばマルベック」は世界共通の合言葉のように使われています。アルゼンチンに初めてマルベックが入植された1853年4月17日を記念して4月17日を「マルベック・ワールド・デー」と定めました。この記念日はマルベックを片手にお祝いされ、その動きはアルゼンチンを中心に世界中に広がっています。

ワイン基礎教養

世界に広がるオーガニックワイン

近頃ワイン専門店やレストランへ訪れますと多種多様なオーガニックワインを見かけるようになりました。20年前には数えるほどしかなかったオーガニックワインですが、現在は様々な品揃えが並びます。ワインに限らず農作物でも有機野菜やオーガニック栽培といった言葉もよく耳にするようになりました。その動きは世界も同様で、世界全体の有機畑の総面積は2001年から21年の20年間で約5倍に増加しました。

「オーガニック」という言葉が使われ始めたのは1940年代です。イギリスの農学者アルバート・ハワード卿がインドで25年間農業に携わりそこで学び体験した有機栽培の必要性を「オーガニック」という言葉を使い強く力説しました。時は戦時下、兵器とともに大量に製造されていた農薬や化学製品が農作物に使用されることを懸念してのことでした。

案の定、終戦を迎えると、食料難や労働不足の解決策として農薬、殺菌剤、化学肥料が大量に使用され、その結果土壌に住む微生物、菌、昆虫などの生態系は狂い、土壌は活力を失い、野菜や果物が本来持つ美味しさを失ってしまいました。

ワイン産業も例外ではなく、安定供給や利益を優先しぶどう畑に除草剤や農薬を散布しました。化学肥料を使い続けた土壌は温かみを失い、冷たくなった土は栄養素を作ることができません。弱った土壌を使い続けるためさらに強い化学物質を投与し、悪循環を繰り返します。戦前生き生きと育っていたぶどうは生命力を失い、ただただ無気力に実をつけるだけとなったのです。

ワイン醸造の過程でも、たくさんの保存料や添加物を加え不自然なほど真っ赤にする生産者、人工香料を使用する生産者が増えました。さらにこの動きの追い風となったのが「緑の革命」です。ロックフェラー財団の主導の元、発展途上国や戦後の飢餓をなくす目的で化学肥料を使用した作物の成長を促進しました。このような農法は農作物や土壌だけでなく人体への影響は計り知れません。

特にワイン醸造は収穫したぶどうを洗浄せずそのまま圧搾し発酵します。水で洗わないのは果皮に生息する酵母を洗い流し果実の旨味を失ってしまうことやワインが水っぽくなってしまうのを避けるためで栽培中に使用した化学薬品はぶどうに付着したまま果汁に流れます。

現在は農薬の使用量に制限をかけているようですが、当時は規制がなかったため大量の農薬が散布され、消費者はもちろん生産者が病気になるケースがほとんどでした。

このようないきすぎた農法に疑問を抱き有機栽培の必要性を訴える人々が現れ改めてハワード卿の教え「化学薬剤を使用せず土壌内の微生物や有機物を重視する農法」が見直されたのです。

オーガニック農法の歴史を見てみますと古代の時代まで遡ります。

もちろん当時はごく一般的な農法として行われていたことですが、ギリシャでは動物の糞を使用して土壌に栄養を与え、古代ローマでは土の栄養バランスを取るため輪作やコンパニオンプランツ（共存作物）を植え病害虫を防ぎ成長を促進しました。

中世の時代、ワイン生産の中心であった修道僧たちは自らの労力を神に捧げ神の化身（ワイン）を造るため微生物と自然酵母と一体になり天然由来の堆肥を造り丹念に土を耕しました。また天体に合わせぶどうの植え付けや収穫の日を選ぶビオディナミ農法（P321～参照）を実践していました。

ところが近代に入ると化学物質の使用が広まり、土壌は活力を失い人間を含めた生態系を壊す結果となりました。

そこで崩れてしまった自然環境を取り戻すべく動き出したのが、先ほど前途したハワード卿の著書『農業聖典』やインドール農法（近代的な有機農業テクニック）の実践です。また自然派ワインの父と呼ばれるジュール・ショーヴェ（1907－1989）が現れ多くの生産者へ影響を与えました。現在の自然派ワインのムーブメントをつくった人物です。

ボジョレーで生まれたショーヴェは、化学や微生物学の研究を重ね、ワイン醸造に微生物の働きがいかに大事であるかを説き化学薬品で微生物を殺すのではなくぶどうと共存共栄し自然の生命循環を活性化することを提唱しました。

戦前まで誰もが実践していた農法ではありますが、彼は科学的な視点に基づいて化学物質を使わない醸造方法を多くの造り手に伝授しました。

ショーヴェ自身も祖父の代から続くワイナリーで、有機栽培・有機醸造を実践しアルコール度数が低く繊細なアロマが香る心地のよいワインを造りました。

元フランス大統領シャルル・ド・ゴールもショーヴェの造る優しいボジョレーに魅了された一人です。ド・ゴールは毎晩欠かさず愛飲したと言います。

斬新的なショーヴェの教えは若い生産者へ絶大なる影響を与えました。なかでも長年ボジョレーの醸造に疑問を抱いていたマルセル・ラピエールはショーヴェと出会いすぐに化学製品の使用を止め、自身の手で土地を耕し土壌を柔らかくして微生物やバクテリアの活動を活発にしました。

マルセルがショーヴェと出会ったのは１９８０年、ショーヴェはすでに70代でしたが、「有機ワイン造りに一生を捧げた人」と言わせるほど、精力的に有機醸造や微生物の働きを探究しており数々の有機醸造の極意を伝授し、徹底的に化学薬剤、人工酵母、亜硫酸塩の非使用に努めました。

当初、世間から冷ややかな目で見られていたマルセルの醸造法でしたが、次第に彼のワインは評判となり、共鳴した生産者たちはマルセルの元に集います。ショーヴェ亡き後、マルセルが自然派ワインの中心となり惜しげもなくノウハウを教えてくれる彼を囲み自然派ワインの輪はどんどん広がっていきました。特に自然派ボジョレーを代表する4名の生産者たちは通称「ギャング・オブ・フォー」（4人のギャング達）と呼ばれ、ぶどうと土壌の免疫力を高め、繊細で上品なワイン造りを徹底しました。噂が噂を呼び「ギャング・オブ・フォー」のボジョレーは知る人ぞ知るコレクターズアイテムとなりました。

一般的にボジョレーは早飲みで気軽に飲めるフレッシュさが魅力のワインです。しかし彼らのワインは熟成する事でより一層果実味が増しアロマが香ります。なかでもマルセルのボジョレーは繊細で凝縮感と重厚さを持ちその味わいは想像を遥かに超える衝撃的なもので評論家たちは〝真のボジョレーを発見！〟と大絶賛しました。

さらに彼らに注目が集まったのは2008年の「リーマン・ショック」です。ブルゴーニュの高級ワイン一辺倒だった消費者は支出を控えボジョレーに心変わりしました。ギャング・オブ・フォーのボジョレーは高級ブルゴーニュに引けを取らずお手頃かつ健康的な家飲みワインとしてフランスやアメリカを中心に世界各国の家庭に浸透していきました。

有機農法の流れは世界的に広がっています。世界のオーガニックワインの市場は2022年103億5千万米ドルに達し、28年には198億9千万米ドルに達すると予想されています。23年から28年までの年平均成長率（CAGR）は11・05%成長すると予測されています。（TechSciResearch）

ワイン大国のフランス、イタリア、スペインでは自然派に転向する生産者が増え有機ワインの総生産の75%をこの大国が占めています。特にフランスは過去2年間で有機ワインの売上高が23%増加し12億ユーロ、輸出額は57%増の5億5200万ユーロに達しました。

他にもドイツ、イギリス、スイスなどオーガニックに対する意識が高くヨーロッパは有機ワイン市場の78%を占めています。

またEU圏内で生産・販売される2024年以降のワインはラベルに全ての原材料と栄養情報の記載が義務付けられました。もしくはQRコードを通じてウェブサイトにアクセスし情報を提示しなければいけません。

EUへ輸出する他国の生産者も同様です。特に添加物入りワインの生産者は全ての原材料を表示するため売り上げに大きく影響を及ぼす厳しい政策となりました。

ヨーロッパはオーガニック製品に伴う健康上の利点に対して意識が高く農薬や化学製品が持つ発がん性や遺伝子や生殖機能に異変をもたらす可能性を認識しています。残念ながら日本は有機野菜が増えてきたとはいえ日本の有機栽培は国内の耕地のわずか0・2%です。世界的なトレンドに敏感な日本の市場はオーガニックへの意識が高まり今後生産、消費が伸びてくると思われます。

日本のワイン

Japan

日本のワインの歴史は浅いものの、
山梨、長野、北海道などでは
個性的な仕事を行うワイナリーが次々登場し、
一部、海外でも高い評価を得ています。
これから期待できる産地として、世界から注目が集まります。

「日本ワイン」と「国産ワイン」の違いは?

南北に長い日本では、南は鹿児島から北は北海道まで様々な地域で個性あるワインが醸造されています。なかでも、山梨、長野、山形、北海道は日本を代表するワイン産地として人気が高く、世界的に高評価を獲得しています。

2015年、日本初の公的なワイン表示のルールが定められ、18年から適用がスタートしました。

それまでは、一律の厳密な制度がなく、海外から輸入したぶどうや濃縮果汁を日本国内で加工や醸造したものや大型容器で輸入したワインを国内で瓶詰めしたものも「国産ワイン」と表示することが可能でした。そのため国産ぶどうのみを原料とした「日本ワイン」と「国産ワイン」の違いがわかりにくくなっていたのです。

改正前では日本で販売されているワインのうち8割が「国産ワイン」として販売されていました。

通常、ワイン生産国にはワイン法があり、産地の独自性や品質の保持などを規制、保護しているのですが、日本にはそのような法律がありませんでした。生産者の自主基準で「日本製」として販売することができたのです。2015年10月に国税庁が定める「果実酒等の製法品質表示基準」より明確にその違いを策定し、日本に流通するワインは日本ワイン、国内製造ワイン、輸入ワインの3つに区分し、その違いを明確にしました。「日本ワイン」は国内で栽培されたぶどうを100%使用して国内で醸造したワインです。

特定の地域で栽培されたぶどうを85%以上使用すれば、その地名、産地を明記することができます。ヴィンテージ表記も同様です。ただし山梨には独自の厳格な表示規則があり100%地元産ぶどうから造られたワインだけが生産地「山梨」と表記できます。北海道も山梨同様、基準をクリアしたワインにのみ

「北海道」と表示が可能となりました。

「国内製造ワイン」はぶどう以外の果実を用いたいわゆるフルーツワインです。また海外から輸入した濃縮ぶどう果汁などを使用し、国内で醸造されたワインも「国内製造ワイン」と表記されます。

「輸入ワイン」は日本以外の国から輸入された果実酒及び甘味果実酒を言います。

それまではラベル記載内容（収穫地、品種、収穫年）など厳格に規定するルールが設けられていませんでしたが、昨今のインバウンド観光の増加や日本ワインの品質や知名度の向上により需要が増え、2018年10月、日本で初の〝ワイン法〟が施行され、日本ワインのブランド化が本格化しています、

日本一の産地・山梨県の「甲州」「マスカット・ベリーA」

国内の約30％以上のワインを生産する山梨県は、日本一の生産量を誇ります。また、日本のワイン生産の発祥の地としても有名な産地です。

一説によると、勝沼で初めてぶどうの栽培が行われたのは718年。山梨県勝沼に大善寺（通称ぶどう寺）を建てた仏教僧、行基はぶどうの房を抱えた薬師如来と出会って大善寺を建て、この地でぶどうの栽培を始めたと伝えられています。当時はワイン醸造のためではなく食用や薬用として地元の人々にぶどう栽培を教えました。実際に1316年、甲府盆地で50エーカー以上のぶどうを栽培していたと記録が残っています。

ぶどうはコーカサス地方（現在のジョージアあたり）からシルクロードを経て中国に渡り、仏教とともに日本に伝わりました。後に甲州のDNAを調べるとカスピ海沿岸のぶどうとアジア産ぶどうの交配により自然に発生したことがわかりました。

奈良時代に日本に伝わったぶどうですが、本格的にワイン醸造が行われたのはそれから1000年以上も後のことでした。日本は新鮮な湧水に恵まれ飲み水が十分確保できたことや古くからお米でお酒を造る習慣と技術があったため、ぶどうからアルコール飲料を造る必要がなかったのです。

その後、ワイン醸造用に品種改良されたぶどうは、山梨の当時の呼び名である「甲州」と命名され、現在は日本を代表するぶどう品種となりました。「甲州」の95％は山梨で栽培されています。

果皮が厚い「甲州」は、湿度の高い日本の気候条件に適し、特有の繊細な味わいを醸し出すことができます。果実の色合いは淡いピンク色で、海外ではサクラカラーと呼ばれ、親しまれています。

「甲州」は主に山梨県の甲府盆地で栽培され、周囲を囲む山々の低い斜面にぶどう畑が広がります。

台風などの自然災害の多い日本ですが、山に囲まれている甲府盆地は台風の被害を受けにくく、自然災害から守られています。

ただし、ぶどうが最も成長する梅雨から夏にかけての雨量は非常に多く、年間雨量(800~1000ミリ)の80%がこの時期に集中します。

梅雨時には、ぶどうの房ごとにパラフィン紙をかぶせホッチキスで留めてぶどうに水がかからないようにしますが、非常に手間暇がかかり費用もかさむため他国の産地では行われません。管理コストは1ヘクタール当たり約10%高くなるということでぶどうの木の上にビニールシートをかぶせて応用する場合もありますが、ぶどうを雨から守るパラフィン紙の小さな帽子は効果的な栽培手法です。きめ細かな日本ならではの栽培方法は海外でとても高く評価されています。

また湿度が高い夏季は、「棚仕立」と呼ばれる高架水平生垣技術を使用して果実を地面から約1・5~2メートルの高さに保ち、通気性を確保します。強風などの風害を軽減するのにも効果的です。また土壌浸食や害虫を防ぐために、ぶどうの木の下にイタリアンライグラスを植えることもあるようです。

海外ではよく「甲州ワインは、日本の柚子のような酸味だ」と表現されます。パワフルで高アルコールに慣れた海外の人々にとっては、デリケートで繊細な甲州ワインはもの足りなさを感じるかもしれませんが、日本ワインの平均アルコール度数は12％前後と低く、ワイン自体の主張が少ないため、繊細な日本食と非常に相性がよいのです。

特にキレのある辛口甲州ワインは刺身や寿司と合わせると相乗効果で互いの旨味を引き立て、すっきり爽やかな後味が残ります。特に塩気のあるクリーミーなウニとの相性は抜群だそうです。

甲州ワインを世界に通じる辛口白ワインとしてその可能性を引き出したのは、1980年代初頭にシャトー・メルシャンが日本に導入したシュール・リー醸造法です。

シュール・リーとはフランス語で「Sur（上に）Lie（澱）」、文字通り発酵後、ワインを澱の上で熟成させることです。通常は発酵や熟成が終わったワインは別の容器に移され、澱を取り除かれます。一方で、この醸造法では、澱とともに数カ月放置することでアミノ酸がワインに溶け込み、深みと風味を増します。シュール・リー醸造により、甲州ワインにはほのかな塩気と柑橘系の酸味が醸し出され、口に残る旨味と後味の爽快さを引き立てます。

甲州は辛口が主流ですが、他にもやや辛口、発泡性、オレンジワインなど様々な味わいを表現します。この多様性も甲州ワインの魅力の一つで、どのスタイルも他国では表現できない甲州ぶどうならではのシンプルで、奥深い複雑さを持ち合わせています。

海外の評論家はそれをまるで禅のようだと表現しました。ミニマリスト的な感覚でいらないものを極限まで削ぎ落とし、穏やかで心落ち着く味わいだと言います。

山梨では甲州以外にも日本の気候風土、土壌に合ったぶどうの開発が進み１９２７年、川上善兵衛氏により赤ワイン用の品種「マスカット・ベリーA」が開発されました。

タンニンは少なく軽めの味わいのため樽熟成させず、早めに飲まれることが多い品種ですが、その一方で樽で長期熟成させる力強いロゼワインや赤のスパークリングワインにも使われます。

マスカット・ベリーAはほのかな甘みと少し獣臭があり焼き鳥やジビエ料理によく合うと評判です。マスカット・ベリーAも甲州とともに山梨を代表するぶどう品種となりました。

2010年に甲州がOIV（国際ブドウ・ワイン機構）に登録、13年にはマスカ

北野呂醸造
甲州シュール・リー

創業以来良質な山梨ぶどうを使用し「量より質」をモットーに手作業に近い形で収穫・醸造・瓶詰めを行う。シュール・リー製法で甲州の旨味を引き出す。刺身、焼き魚、豆腐など日本食との相性は抜群。参考価格1,900円（税抜）。

ット・ベリーAも登録され、輸出する際に品種名を表記できるようになりました。

また、2013年には「山梨」が国税庁により原産地呼称保護のための「地理的表示」に指定されました。一定の製造基準を満たし、検査を経たワインのみが山梨の名を冠することができます。

現在、新旧約80社ほどのワイナリーが存在する山梨は、日本を代表するワイン産地として世界的に大きな期待が高まっています。

ブランド化が進む長野県のワイン

長野県でのぶどう栽培の歴史は古く、江戸時代には松本市周辺で甲州ぶどうの栽培が行われていたと記録されています。この地域は標高が高く昼夜の寒暖差があり、日射量が長いため、ぶどう栽培に適していた地域でした。

明治時代には長野県も他の産地と同様、政府の命によりぶどう栽培とワイン醸造が推奨され、甲州ぶどう等、様々なぶどう品種が栽培されました。

2000〜3000メートル級の高い山々に囲まれる長野県は、梅雨や台風の影響を受けにくく、特にぶどうの成長期である4月から10月にかけて1200時間もの日照時間の確保が可能です。ぶどうの栽培地は標高500mの高地に広がり冷涼な気候ですが、昼夜の寒暖差が激しくまた浸透性の高い小石や砂利質の土壌で水はけがよく、ぶどう栽培に適した環境と言えるでしょう。現在、長野県はワイン生産量では山梨に次いで2位、ワイン用ぶどうの生産量は日本一を誇ります。恵まれた環境を生かし、長野のメルロー種やコンコード種は国際的に知名度を高めています。

長野ワインに使用されるメルローのほとんどは塩尻市で栽培されています。塩尻市は日本で初めてメルロー栽培の研究が行われた地です。ボルドーのメルローとは違った個性を出しています。

特にメルロー主体で造られたシャトー・メルシャンの「椀子《まりこ》オムニス」は2016年に開催された伊勢志摩サミットで提供され、国際的に高い評価を獲得しました。

さて2013年、長野県は「信州ワインバレー構想」と銘打って、長野産ワインのプロモーションを開始しました。ワインの呼称は「NAGANO WINE」として国際的なブランド化を目指します。その取り組みの一環としてワインの高品質の証となる認定マークを設けました。ヨーロッパで厳しく管理されている「原産地呼称制度」でワインの品質を明確化し、品質の向上を図ります。

構想がスタートした2013年には25社だったワイナリーや醸造所ですが、23年には5つ目のワインバレー「八ヶ丘西麓ワインバレー」が加わり80社となりました。ワイン産業の更なる発展に向け「信州ワインバレー構想2・0」がスタートし高品質なワインと地域を目指しています。

●桔梗ヶ原ワインバレー

土壌や気候とマッチしたコンコード種、メルロー種、そしてナイアガラ種が主に栽培されています。1989年、国際的なコンクールで長野産メルローのワインが受賞し、桔梗ヶ原はメルローの産地としても世界的に有名になりました。
老舗ワイナリーを中心に小規模なワイナリーも増え、知名度が高まっています。

●千曲川《ちくま》ワインバレー
長さ100キロに及ぶ千曲川沿いに広がります。様々な土壌が形成され、気候や標高に応じたぶどうが栽培されています。降水量が少なく日照時間も長く、ぶどう栽培に恵まれた環境でバラエティー豊かなワインが生産されています。

●日本アルプスワインバレー
長野県内のぶどう栽培発祥の地である松本から安曇野に広がる産地で、日照時間が長く水はけのよい土壌が存在します。ぶどう栽培には最適な環境が整っており、広大なぶどう畑が広がります。

●天竜川ワインバレー

ぶどう畑やワイナリーは中央アルプスと南アルプスに囲まれた天竜川流域に点在します。りんごの産地としても有名で、りんごを使用したシードルの生産も盛んです。

まだワイナリーの数は多くありませんが、独特な気候条件を持つ天竜川ワインバレーの発展に期待が高まっています。

●八ヶ岳西麓ワインバレー

２０２３年３月に新たに加わった新エリアでぶどう畑は標高８００ｍから１０００ｍの冷涼な高原に位置し別荘地も広がる美しいエリアにはヨーロッパ系のぶどうが栽培されています。２０２４年７月では４つのワイナリーが登録されています。

「十勝ワイン」が高名な最北の産地・北海道

国内のワイン消費量は過去10年間でわずか10％の増加にとどまりましたが、ワイナリーの数は3倍以上に増えました。その主な地域は北海道です。

北海道は農業の歴史が長く、もともと作物の栽培に恵まれた土壌が広がっています。加えて政府が様々な補助金でワイン産業を支援しており、新規ワイン事業者も参入しやすい環境が整いました。カルディコーヒーファームやサッポロビールなど大手企業も北海道でワイン造りに参入しました。

北海道は、国内のみならず海外の投資家たちが最も注目する産地として挙げられます。

北海道は北緯42～45度に位置していますが、気候区分は北緯49度のフランスのシャンパーニュ地方やアルザス地方、またドイツなどの銘醸地とほぼ近い環境です。

冬の北海道では積雪対策が必要ですが、梅雨や台風の影響は少なく湿度が低く昼夜の寒暖差が激しいため、ぶどうの栽培に適しています。また世界中が気候変動の影響でぶどうの収穫期が早まるなかで、北海道は春から秋にかけて気温が上昇し、ぶどうにとってより快適な気候となりました。

北海道でぶどう栽培が始まった当初、ほとんどの栽培者はケルナーやツヴァイゲルトなどの寒さに強い丈夫なドイツのぶどう品種を選びました。現在は、昨今の気候変動によりブルゴーニュの名産ピノ・ノワールやシャルドネの栽培に植え替える生産者が増えています。

北海道で初めてワインが造られたのは1876年、明治政府の命によるものでした。しかし北海道では、ぶどう栽培やワイン醸造にはまだ時期尚早だったため、30年ほどで廃業となってしまいました。

それから約50年後の1963年、十勝の池田町で全国初となる自治体経営による「十勝ワイン」が誕生しました。新しいものを受け入れ「協力と達成」を得意とする北海道民の気質により、「十勝ワイン」は成功に導かれ、池田町が独自で配合したハイブリッド品種、山幸《やまさち》を使用したワインが人気を博しました。

２０２０年、ＯＩＶ（国際ブドウ・ワイン機構）により「山幸」が日本で3番目のぶどう品種として登録されました。ワイン醸造用のぶどう品種に山ぶどうを掛け合わせた画期的な交配で、北海道の寒冷地に適し、ワイン用としても高品質なワインを生産する品種です。

ＧＩ制度とは、地理的表示（Geographical Indication）のことを指し、地域の農産物や食品をブランドとして登録、保護する制度です。２０１８年ワイン法施行に伴い国税庁からワイン産地として「北海道」が指定されました。１００％北海道産のぶどうを使用するなど基準をクリアしたワインだけが産地「北海道」と表記できます。北海道は国内だけでなく世界的にもグルメな地域として定着しているため、「北海道」のブランド価値の保護はとても重要なことでした。

上質ワインの証である「ＧＩ北海道認定ワイン」に選ばれる基準は北海道産ぶどうを１００％使用し、道内で醸造、貯蔵、瓶詰め、そして官能検査に合格したものだけに与えられます。現在20社７１７銘柄が認定されました（２０２４

年6月時点)。

山形県では山ぶどう酒やフルーツワインも

山形県では江戸時代にすでにぶどう栽培が始まっており、明治25年、東北地方初のワイナリーが設立されました。戦時中には、軍に向けて栄養補助食品としてワインを醸造した実績もあり、その経験を生かして戦後、本格的にワイン生産に乗り出しました。現在は地元産のぶどうを使った個性的なワインが造られています。

ほとんどのワイナリーは内陸部に位置します。日本有数の豪雪地帯ですが、盆地気候で雪の被害はあまりなく、夏は気温が高く寒暖差が激しいため、ぶどう栽培には最適の気候と言えます。

品種は、主にマスカット・ベリーAや、日本一の栽培面積を誇る白ぶどうデラウエアが代表的です。100%山形県産のぶどうを使用し審査に合格したワインは「山形県認定ワイン」として認定され品質の高い山形ワインが生産されています。

またぶどう以外にもさくらんぼ、ラ・フランス、りんごなど原料100％のフルーツワインも山形ならではの名品です。7〜9度の低アルコールのワインは女性や若い人たちに人気が高く、お土産としても喜ばれています。

特に山形で豊富に取れる山ぶどうから造ったワインは有名です。山形の朝日村の人々は北海道の山ぶどうワインに誘発され、村民が一致団結し試行錯誤を

タケダワイナリー
ルージュ樽熟成
マスカットベリーA

明治初期にぶどう栽培を、1920年にワイン造りを開始する。以来、「よいワインはよいぶどうから」をモットーにぶどう栽培ワイン醸造を続ける。山形県産マスカット・ベリーA種100%使用。樽熟成の奥行きのある見事なハーモニー。山形ぶどうの実力を表す正統派赤ワイン。参考価格2,970円（税込）。

繰り返し「山ぶどう酒」を完成させました。

キリスト教国ではない日本にワインが根付くまで

ヨーロッパと違い、宗教とともにワインが普及されなかった日本ですが、初めてワインが飲まれたのはポルトガルからの宣教師、聖フランシスコ・ザビエルが鹿児島を訪れ領主への献上品としてワインを持ち込んだ16世紀のことだと言われています。

キリスト教を信仰する地元の人々はポルトガル語の赤（ティント）と酒（シュ）を合わせ「ティントシュ」と呼び、ワインを信仰の対象として崇めていました。

しかしまだまだワインになじみのない人々は赤ワインを「血」と勘違いし、西洋人は「生きた血」を飲むという偏見もあったようです。

1627年から32年にかけて小倉藩主・細川忠利は山ぶどうと黒豆の酵母を

使ったワインの生産を命じました。これが初の日本ワインということになりますが、その頃、宣教師たちは政治に干渉したとして日本から追放されてしまいます。その後ワイン造りは継承されず、本格的にワイン醸造が始まったのは1870年頃、明治時代に入ってからのことでした。文明開化により様々な人々がワイン造りを試みますが、当時のワイン醸造の技術やワインの認知度は低く、ワインビジネスはどれも失敗に終わってしまいました。

1877年、日本初の民間のワイン醸造所が設立され、ここから二人の青年がワイン醸造技術を学びにフランスへ派遣されました。2年間のワイン留学ののち帰国した二人は、勝沼の地でワイン醸造を開始します。しかしヨーロッパと気候風土が違う日本では、ぶどうの育成は思うように進まず、ワインの味わいもフランスで醸造されたものとは大きくかけ離れていました。

しかも渋くて酸っぱいワインの味は日本人の口になじめず、人々に浸透することができません。そこで風味を和らげるために蜂蜜や糖分を添加して甘口に仕上げました。徐々に甘口ワインが主流となっていき、サントリー社から甘口の赤玉ポートワインが発売されると美しい女性が描かれた印象的なポスターと相まって大反響となりました。今でも店頭で見かけるロングセラーの商品です。

甘味入りや酒精強化ワイン、薬用トニックワインなどの流れはワインがまだ「ぶどう酒」と呼ばれていた1970年代まで続きます。ヨーロッパ産ワインを飲む人はまだまだごく少数でした。

1964年の東京オリンピック、70年の大阪万博で西洋文化との交流が高まり、経済の急速な拡大とともに輸入ワインが増加します。この頃から「ワイナリー」という言葉が聞かれるようになりました。

1980年代のバブル期は高級ワイン、高級シャンパンが続々と輸入されます。当時は「とりあえずビール」ではなく「とりあえずドンペリ」だったのです。「ピンドン」という俗語も流行りました。ロゼのドン・ペリニオンがピンクのドンペリ、略してピンドンです。

1990年代は、赤ワインに含まれるポリフェノールのブームにより、フレンチパラドックスという言葉がメディアを賑わしました。フランス人がバター、チーズ、肉などをたくさん食べているのに心疾患の発生率が少ないのは赤ワインを飲んでいるからだと説いた説です。心疾患が死因トップのアメリカでは赤ワインの消費が44％も増加しました。日本でもポリフェノールの効用が話題となり、輸入ワインの税金引き下げも相まって輸入ワインの量が大幅に拡大しました。

2000年以降はアメリカと中国の熱狂的なワインブームにより世界中のワイン産業が活気づき、日本も日本ワインの生産と需要が増えイベントやワインフェス等を主催し幅広い層へアピールしました。

それまで日本のワイナリーは少量生産のため顧客に直接販売をしていましたが、現在はワイン専門店やスーパーマーケットなどの店頭でも購入が可能です。

きめ細かな作業が生み出す繊細な味の魅力

日本ワインは様々な気候や自然から生み出される多様性を特徴としています。

日本の北と南の地理座標の違いはフランスの6度と比較して約18度もあり、積雪が1メートルを超える北海道から夏の気温が35度を超える九州まで幅広い年間気温の差があります。同じぶどう品種であっても味と品質は地域によって大きく異なり、それも日本ワインならではの特徴として興味深くとらえられています。

国税庁のデータによると2015年はわずか45キロだった日本ワインの輸出量は21年には157キロまで増加しました。翌年は102キロに減少したものの輸出量は増加傾向にあります。

ただ、ここ数年の日本ワインの人気に反して生産量、出荷量は減少傾向にあります。2022年の生産量は15年に比べ64%も減少しました。

日本のぶどう畑は大国と違い、大量に生産することはできませんが、ぶどうを一粒一粒大事に育て、丁寧に醸造します。生産量は少ないものの、その分きめ細かな作業を行い日本ワインの個性を生み出します。その味わいはとても繊細で、まるで水を飲んでいるように違和感なく体に浸透していきます。

日本ワインは四季折々の料理、野菜や肉・魚など様々な素材やどのような味付けにも合わせやすく、決して主張しすぎない控えめな味わいです。日本の個性を生かした日本ワインが、今後ますます国内外へ発信されていくことが楽しみです。

一方、日本のウイスキーは世界で最も人気が高く、オークションでも常に高値で取引されています。特に「山崎」「軽井沢」「イチローズ・モルト」などの銘柄は、高額落札額を達成し、「ジャパニーズ・ウイスキー」は世界中の愛好家たちを魅了します。

日本ワインもウイスキー同様、我が国の文化を代表する存在になることを期待しています。

ワイン基礎教養

時々耳にする「ビオディナミワイン」って?

2003年、私の前職のクリスティーズ(オークション会社)でブルゴーニュの一流醸造家、ドメーヌ・ルロワのラルー・ビーズ・ルロワ氏（マダム・ルロワ）をお招きしてワインイベントを開催いたしました。

マダムは若い頃からたぐいまれなテイスティング能力を備えその才能を生かして最高のブルゴーニュワインを産出してきました。オークションでは常に高値で落札され、ロマネコンティと人気、実力、価格を二分する最高峰のワインを造ります。

ニューヨークの一流ホテルで開催したマダムを迎えてのワインイベントはいよいよ終盤を迎え、お待ちかねであるミシェラン・シェフとマダム直々持参いただいたドメーヌ・ルロワの各種ワインのディナーが始まろうとしていました。

するとマダムは「私はぶどうと一緒で天体の動きに合わせて生活していますので、失礼します……」と席を立たれました。早めに退席されることは事前に聞いていましたが、なんでも月が昇る時間には眠りについているとのこと。マダムが実践しているビオディナミ農法にかけてのご挨拶とともに宿泊先のホテルへお戻りになられました。

私はそれまで「ビオディナミ農法」を耳にしたことはありましたが、その手法は神秘的すぎて少々懐疑的な思いを抱いていました。当時はまだビオディナミ農法を実践している生産者はそれほど多くなく、有名な生産者はマダムとドメーヌ・ルフレーブ（1717年ブルゴーニュ地方ピュリニー・モンラシェ村に創業した老舗の生産者）が代表的だったと思います。まだまだ信憑性に欠けるといった声が多かった時代です。私もその一人でした。しかしマダムが醸造した様々なワインをディナーの席で試飲してみると、今まで抱いていた先入観や偏見は一瞬にして消え去りました。

ワインがまるで生きているかのような生命力を感じ、酵母がグラスの中で元気に活動しているのがわかりました。ふとキリストが「ワインは私の血である」と言ったという言葉が腑に落ちた気がしました。信仰心はありませんがなんだか瞑想をしているかのようにワインが体も心も浄化してくれたような感覚だったのです。

もちろん言うまでもなく世界トップクラスのワインですので、どのヴィンテージもどの畑も申し分なく美味しいのですが、舌の上で感じるだけの美味しさではなく体の内側でも、細胞や内臓が美味しいと感じるようなそんな感覚でした。このときに初めてビオディナミ農法の偉大さと生産者の並々ならぬ思いを感じました。

ビオディナミ農法とは自然派のワイン造りの手法の一つでドイツの哲学者で人智学者のルドルフ・シュタイナー（1861－1925）が提唱した農法です。英語でバイオダイナミック、フランス語でビオディナミと言います。化学的な薬剤を使用せず、自然、植物、生物が本来持つ力を引き出し生命体全てのバランスを整えることに焦点を当て、天体や宇宙のエネルギーを土壌やぶどうに取り込むというコンセプトです。

この農法には主に4つのポイントが挙げられます。

1、化学肥料、農薬、除草剤など化学薬剤の非使用

2、酸化防止剤（亜硫酸塩）の使用の制限
3、天然由来の調合剤（肥料）の使用
4、天体の動きと連動した農事暦の使用

地球に存在する全ての生命体を活性させる目的で、その力を奪う化学的な物質の使用は一切禁止です。瓶詰めされたワインの酵母の力を弱めるため酸化防止剤（亜硫酸塩）の使用も極力控えます。

通常のオーガニックワインには、多少の酸化防腐剤の添加はやむをえないのですが、最低限の使用、もしくは無使用を目指します。

天然由来の調合剤とはシュタイナーが編み出した花や草木、動物の角や糞など自然の産物を調合したもので、たとえば雌牛の角に雌牛の糞を詰めたものを土に埋め、発酵して堆肥化したものを水で希釈して散布します。土の活力を高めて細菌や微生物の繁殖を助けます。

水晶の粉末は食物の新陳代謝と栄養価を高め、また、害虫からぶどうの木を守るためにスギナを使用します。化学肥料や除草剤など一切使用せず、本来ある健康的で生命力に満ちた大地をつくります。

農事暦とは太陰暦と占星術に基づいたもので宇宙との調和をもたらすため、天体の動きに合わせて農作業の日程を決めます。種まきや収穫など栽培に必要な過程はビオディナミカレンダー（農事暦）に沿って行われます。

12星座に働く力には4つの要素（火、地、風、水）があるとされ、月の位置や満ち欠けにより各要素への影響が変わり日によってどんな作業が適しているのかがわかります。

ビオディナミカレンダーには根、花、果実、葉の日に分けられます。

「根の日」は月は山羊座、牡牛座、乙女座の地の星座に位置。剪定作業に向く。

「花の日」は月は双子座、天秤座、水瓶座の風の星座に位置。ぶどうを休ませる日。ヴィオニエなどの香りのよいワインを楽しむのにおすすめ。

「果実の日」は月は牡羊座、獅子座、射手座の火の星座に位置。収穫の日、ワインを飲むのに最適な日。
「葉の日」は月は蟹座、蠍座、魚座の水の星座に位置。植物が葉緑素の生成に集中している日で水やりの日。

この定義は先述したルドルフ・シュタイナーの考えに基づいていますが、1世紀のローマの博物学者大プリニウスはすでに月が地球上の生命体に与える影響を明確に説いていました。

ビオディナミ農法は科学的な根拠に基づいた手法ではなく哲学であり儀式だと言う評論家もいます。確かに雌牛の角に堆肥を詰めるとか天体の動きに合わせて農作業を行うなどは少々スピリチュアル的にとらえられ、非科学的で検証不能との意見があります。

しかし2004年『Fortune』誌が行ったブラインドテイスティングでは、対になったビオディナミワインと通常のワイン10組を用意し、マスターソムリエやマスターワインの称号を持つプロ中のプロにテイスティングを実施したところ、90％の確率でビオディナミワインの方が美味しいとの結果が出ました。誰もが発酵の過程、酵母の違い、ぶどうの出来を評価し、土壌の成分まで指摘した人もおり、総体的にテロワールをより表現しているとの感想でした。２００４年はまだまだビオディナミ農法への理解が薄くアンチが多い時代です。ＣＮＮも取り上げたほどセンセーショナルな出来事でした。

現在は20カ国以上の産地で８００を超えるワイン生産者がビオディナミ農法を採用しています。従来の農法で生産するワイナリーと比較すればこの農法は手間がかかり収穫量は減り、害虫が大発生してしまうリスクもあります。実際多くのワイナリーが害虫発生などの理由で生産を断念した年があったと言います。もちろん化学薬品に頼らず翌年からは虫や害虫退治にはアヒルを放ち、雑草が生い茂ってしまったらヤギや羊を放して雑草の成長をコントロールしているそうです。

ビオディナミ農法は規定が厳しく、全ての規定をクリアしなければ名乗ることができません。農法の指導や認証を行っているのがDemeter（デメター）というドイツ発祥の国際認証団体です。

デメターは世界で最も認証基準が厳しいとされるドイツのオーガニック認証機関で、ビオディナミ農法により生産された農作物や加工された製品に、認証マークを与えます。特に欧米ではデメター認証を受けた生産者は高い実績が認められ、高品質であると信頼を得ています。

おわりに

私事ですが2024年の初夏、長崎県の離島、対馬に移住しました。住まいは人里離れた集落で、周りは山と畑に囲まれ夜は鹿や猪が出没するような山岳部です。

そんな我が家の一角に小さなぶどうの畑があります。前に住んでいたおばあさんがぶどうを育てていたとのこと。もちろんワイン用ではなく食用のぶどうですが、私も近所の農家さんに習って、おばあさんのぶどう畑を引き継ぐことにしました。

しかしそう意気込んでみたものの、対馬の梅雨は大雨が続き諸々の雑務に追われぶどうの梅雨対策に十分手が行き届かず、大雨に打たれたぶどうは十分実をつけることができませんでした。

私は各国、数々のワイナリーを訪れ生産者さん直々にぶどう栽培の苦労話を聞かせていただきましたが、数日の雨でもこれほど味に影響が出るのかとぶどう栽培の難しさをあらためて痛感しました。

私は1990年産のシャトー・ペトリュスを飲みその美味しさに圧倒されワインの道にすすみましたが、思えば、その翌年、91年は天候に恵まれずペトリュスはワインの生産を断念したのでした。一流の生産者とはいえ、ワインを造るうえでぶどうの出来を左右する天候がいかに重要であるかを思い出しました。「テロワール」という言葉は本文に何度も出てきます。テロワール（天気と土壌とぶどうと人）がすべて揃って美味しいワインができると言われます。今回少しだけぶどうに触れて、改めてこの言葉の重みを感じました。

1杯のワインにはテロワール、歴史、ストーリーやドラマがたくさん含まれています。

本書をきっかけに、そんな「味」も感じていただければ嬉しいです。

渡辺順子

2024年9月

カバーイラストレーション●朝野ペコ
編集協力●町田宏
写真協力（順不同）●タカムラワインハウス、モトックス、モンテ物産、ジェロボーム、八田、野村ユニソン、ワインプロ、スマイル、サザンクロス、伏見ワインビジネスコンサルティング、フードライナー、日欧商事、サントリーホールディングス、酒商増田屋、ラック・コーポレーション、ファインズ、WINE TO STYLE、北野呂醸造、タケダワイナリー

本書は、2022年3月に
日本経済新聞出版から発行した
『「家飲み」で身につける語れるワイン』を
文庫化にあたって加筆・編集したものです。

日経ビジネス人文庫

「家飲《いえの》み」で身《み》につける
語《かた》れるワイン

2024年10月 1 日 第1刷発行
2024年11月18日 第2刷

著者
渡辺順子
わたなべ・じゅんこ

発行者
中川ヒロミ

発行
株式会社日経BP
日本経済新聞出版

発売
株式会社日経BPマーケティング
〒105-8308 東京都港区虎ノ門4-3-12

ブックデザイン
漆原悠一（tento）

本文DTP
マーリンクレイン

印刷・製本
中央精版印刷

©Junko Watanabe, 2024
Printed in Japan ISBN978-4-296-12086-4
本書の無断複写・複製（コピー等）は
著作権法上の例外を除き、禁じられています。
購入者以外の第三者による電子データ化および電子書籍化は、
私的使用を含め一切認められておりません。
本書籍に関するお問い合わせ、ご連絡は下記にて承ります。
https://nkbp.jp/booksQA

nbb 好評既刊

最後はなぜかうまくいくイタリア人

宮嶋 勲

怠惰で陽気で適当なのに、結果が出るのはなぜ？　独自のセンスと哲学で世界の一流品を生み出すイタリア人の行動・価値観を楽しく紹介。

戦争と外交の世界史

出口治明

抗争、分裂、外圧――。人々はこの難題をどう解決してきたのか。戦争回避に向け世界を動かした交渉の攻防史を博覧強記の著者が語る。

ドーナツを穴だけ残して食べる方法

大阪大学ショセキカプロジェクト＝編

大阪大学の知の精鋭たちはドーナツを穴だけ残して食べられるのか？　学生たちが企画・編集し、大きな反響を呼んだ名著が、ついに文庫化。

はじめる習慣

小林弘幸

名医が教える、自律神経を整え心地よく暮らす99の行動習慣。心身の管理、人間関係、食生活……今日からできることばかり。書き下ろし。

リセットの習慣

小林弘幸

〝なんとなく調子が優れない〟のは、自律神経が乱れているから。自律神経研究の名医が教える、悪い流れを断ち切る99の行動術。書き下ろし。